CB128227

CRUZ DE CARAVACA

CRUZ DE CARAVACA

Orações Poderosas
Contra Todos os Males

Editora
Pensamento
SÃO PAULO

Copyright da primeira edição © 1955 Editora Pensamento-Cultrix Ltda.

Copyright da segunda edição revista © 2016 Editora Pensamento-Cultrix Ltda.

Texto de acordo com as novas regras ortográficas da língua portuguesa.

2ª edição 2016.

5ª reimpressão 2024.

Todos os direitos reservados. Nenhuma parte desta obra pode ser reproduzida ou usada de qualquer forma ou por qualquer meio, eletrônico ou mecânico, inclusive fotocópias, gravações ou sistema de armazenamento em banco de dados, sem permissão por escrito, exceto nos casos de trechos curtos citados em resenhas críticas ou artigos de revista.

A Editora Pensamento não se responsabiliza por eventuais mudanças ocorridas nos endereços convencionais ou eletrônicos citados neste livro.

Editor: Adilson Silva Ramachandra
Editora de texto: Denise de Carvalho Rocha
Gerente editorial: Roseli de S. Ferraz
Produção editorial: Indiara Faria Kayo
Editoração eletrônica: Fama Editora
Revisão: Vivian Miwa Matshushita

Dados Internacionais de Catalogação na Publicação (CIP)
(Câmara Brasileira do Livro, SP, Brasil)

Cruz de Caravaca : orações poderosas contra todos os males. — 2. ed. — São Paulo : Pensamento, 2016.
Vários autores
ISBN 978-85-315-1961-1
1. Cura pela fé 2. Espiritualidade 3. Fé 4. Magia 5. Oração 6. Umbanda (Culto).

16-07918 CDD-299.672

Índices para catálogo sistemático:
1. Cruz de Caravaca : Livros de oração : Umbanda : Religião 299.672
2. Medicina espiritual : Umbanda : Religião 299.672

Direitos reservados

EDITORA PENSAMENTO-CULTRIX LTDA.
Rua Dr. Mário Vicente, 368 — 04270-000 — São Paulo — SP
Fone: (11) 2066-9000
http://www.editorapensamento.com.br
E-mail: atendimento@editorapensamento.com.br
Foi feito o depósito legal.

SUMÁRIO

PREFÁCIO

Santíssima Vera Cruz de Caravaca, a Cruz das Missões, Cruz de Lorena, Cruz de São Miguel... Entre outros nomes que se atribui a este, que é considerado um dos símbolos mais misteriosos do cristianismo, a Cruz de Caravaca é uma relíquia cristã originária do século XIII. Ela surgiu milagrosamente na cidade espanhola de Caravaca de la Cruz e continha fragmentos da Santa Cruz na qual Jesus Cristo foi crucificado. Desde então, a Oração à Cruz de Caravaca mereceu de muitos estudiosos das artes espirituais o mais franco apoio e o mais devotado estudo, porque eles conhecem o valor real que ela tem para auxiliar o homem na luta contra o Destino e levá-lo à união com Deus.

Publicando este livro de preces ocultas, a Editora Pensamento tem em vista demonstrar a eficácia do poder mental por intermédio da prece, advertindo ao leitor que as vibrações do pensamento é que produzem os resultados almejados.

Além das orações de grande valor consagradas à Cruz de Caravaca, este livro contém a "Prece do Cristo" e suas adaptações, o verdadeiro significado do "Pai-Nosso", a "Semana Mágica" com suas sete orações, a "Novena às Estrelas", como se faz a "Consagração da Residência" e "O Encantamento pelos Dez Nomes Divinos", que, se for proferido com fé, tem a virtude de atrair o verdadeiro Amor para sua vida.

Existem numerosas formas de preces, umas dirigidas a Deus e outras aos santos; porém, a psicologia moderna demonstrou que, em todas elas, os resultados provêm unicamente da força do Espírito da própria pessoa, o qual é Deus encarnado nela, e os resultados da prece se manifestam sempre quando o indivíduo sente no coração a dádiva como se já a tivesse obtido. De acordo com estas palavras do Cristo: "Tudo o que pedirdes na oração, crede que o tendes recebido, e ser-vos-á dado".

MILAGROSA ORAÇÃO DA CRUZ DE CARAVACA

(em pé — genuflexão — faça o sinal da cruz)

Nós vos adoramos Senhor Jesus Cristo e Nós vos Bendizemos porque com Vossa Santa Cruz salvastes o mundo (genuflexão — faça o sinal da cruz) Pequei Senhor e por isso suplico vossa misericórdia, Vós que perdoastes o pecado do mundo, perdoai os meus pecados. (genuflexão — faça o sinal da cruz)

Restitui-me Senhor a alegria do Vosso amparo e dai-me forças para caminhar na prática do bem. Não desprezeis Senhor meu Deus as minhas preces. (genuflexão — faça o sinal da cruz)

Nós vos adoramos Senhor Jesus Cristo e Nós vos Bendizemos porque com Vossa Santa Cruz salvastes o mundo

Vós que sois louvado pelos céus. A vós todos os Serafins, Querubins, Arcanjos, Anjos proclamam: "Santo, Santo, Santo, Senhor dos exércitos" por todos os séculos dos séculos, assim seja.

Meu Senhor Jesus. Vós que derramastes Vosso Santíssimo Sangue na Cruz, nos abriste o caminho do céu, nós vos rogamos a Vossa benção. Compadecei-Vos de nós, Senhor. Suplicamos a Vossa clemência e que nunca desampareis os que imploram Vossa Graça e Vossa proteção em suas atribulações.

Salve Cruz Gloriosa, Santo Madeiro, Milagroso Lenho! (faça o sinal da cruz)

Diante de Vossa Cruz nós Vos imploramos Senhor Jesus, meu Deus, meu Redentor, que Vossa misericórdia nos conceda a graça: (mencione aqui o seu pedido)

Pelas Vossas Cinco Chagas, pelas Vossa Coroa de Espinhos, Pelos Cravos que feriram Vossos pés e Mãos, atendei-nos Senhor, e lavai os nossos pecados.

Bendita Cruz em que foi cravado Nosso Senhor Jesus Cristo, estendei sobre nós os vossos braços protetores. Defendei-nos, Sagrado Lenho, das tentações demoníacas. Santa Cruz, nós viemos a Ti como ao nosso verdadeiro abrigo e fortaleza. Nosso escudo e arma, nossa luz e salvação dos perigos, doenças, crimes e pecados. (genuflexão — faça o sinal da cruz)

Meu Senhor Jesus Cristo, sede meu Mestre e meu Amigo, concedei-me com perdão dos meus pecados a graça de: (repita aqui o seu pedido)

Aliviai nosso coração aflito, confortai nosso ânimo. Iluminai nosso espírito e dai-nos coragem para evitarmos o pecado: (ajoelhe-se)

Eis o Lenho da Cruz em que pendeu a Salvação do mundo. "Ágios ó Théos, Ágios íchirós, Âgio Athánatos, Eléiseon Imás."

Louvado seja o Senhor
Para Sempre seja louvado.
Assim seja, amém.

(rezar um Pai-Nosso e um Creio em Deus Pai)
(FIM DA NOVENA)

PRECE PELA CRUZ DE CARAVACA PARA COMEÇAR O DIA E TER SUCESSO EM TODAS AS ATIVIDADES

Senhor, neste dia que começa, venho pedir-te paz, alegria e sorte. Envolve-me, Senhor, na tua luz, hora a hora, instante a instante, após cada trabalho de meu dia. Que a tua ajuda seja minha companheira neste dia que começa, quando o astro solar brilha e ilumina tudo, as árvores, os campos, as cidades e tudo que vive e respira. Que, pela força da Cruz de Caravaca, eu, neste dia que se inicia, encontre amigos, sejam pessoas passantes ou colegas de trabalho, simpatizantes ou simples pessoas que se encontrarem comigo. Que, pela força da Cruz de Caravaca, eu possa conviver bem com todos, com familiares, com a pessoa a quem amo, com meus superiores no trabalho. Que eu tenha a todos eles como amigos, e não como inimigos, pois ao ouvirem a minha voz eles sorrirão; ao sentirem a minha presença, eles estarão satisfeitos; ao verem a minha vitória, eles se sentirão vitoriosos também. Que a luz do dia que começa seja para mim a luz da vitória, pois tenho sofrido injustiças, tenho sentido dores na alma e no corpo, e agora peço a paz e a satisfação. Reveste-me de luz, Senhor, pois as trevas existem, mas elas não têm o teu poder. Que eu possa mostrar a todos a tua verdade e a minha vitória, Senhor. Dai-me paz e fraternidade. Amém.

ORAÇÃO PARA PEDIR PROTEÇÃO À CRUZ DE CARAVACA

(Segure a cruz com a mão e faça o sinal da cruz)

"Pela Santíssima Cruz em que vós, Nosso Senhor Jesus Cristo, padeceste e morreste, salvai-nos.

Estendei sobre mim a vossa graça.

Dai-me a colher os frutos da cruz, símbolo do Vosso Sacrifício. A vós suplico proteção, pela Santa Cruz de Caravaca e aos Vossos pés me abrigo. Valei-me, pela minha fé. Assim seja, amém."

PAI-NOSSO

A primeira de todas as preces é o "Pai-Nosso". Os ocultistas têm uma forma que difere um pouco das que geralmente se usam.

Ei-la.

Pai-nosso que estás nos céus, santificado seja o teu nome, venha a nós o teu reito, faça-se a tua vontade, assim na terra como no ceú. O pão nosso de cada dia dá-nos hoje, perdoa-nos as nossas dívidas, assim como ass perdoamos aos nossos devedoresç não permitas que caiamos em tentação, mas livra-nos do malç pois a ti pertencem a glória, o poder e a misericórdia por todos os séculos. Amém.

INVOCAÇÃO CABALÍSTICA

Do rabino Salomão, filho de Babirol

Vós sois um, começo de todos os números e fundamento de todos os edifícios; vós sois um, e no segredo da vossa unidade, os homens mais sábios se perdem porque não a conhecem. Vós sois um, e a vossa unidade nunca diminui, nunca aumenta, nem sofre alteração alguma. Vós sois um, não como um em cálculo, porque a vossa unidade não admite multiplicação, nem mudança, nem forma. Vós sois um, ao qual nenhuma das minhas ideias pode fixar um limite e dar uma definição; é por isso que vigiarei a minha conduta, preservando-me de pecar pela minha língua. Vós sois um, enfim, cuja excelência é tão elevada, que de modo algum pode cair, e não como este um que pode cessar de existir.

Vós sois existente; contudo, o entendimento e a vista dos mortais não podem alcançar vossa existência, nem pôr em vós o onde, o como e o porquê.

Vós sois existente, mas em vós mesmo, porque nenhum ser pode existir convosco. Vós sois existente desde antes do tempo e do espaço. Vós sois existente, e enfim vossa existência é tão oculta e tão profunda que ninguém pode penetrar e descobrir o seu segredo.

Vós sois vivente, mas não desde um tempo conhecido e fixo; vós sois vivente, mas não por um espírito ou por uma alma, pois sois a alma de todas as almas.

Vós sois vivente, mas não com a vida dos mortais que são como um sopro e cujo fim será alimento dos vermes.

Vós sois vivente; aquele que puder alcançar os vossos mistérios gozará eternas delícias e viverá perpetuamente.

Vós sois grande; ao pé da vossa grandeza todas as grandezas se dobram e tudo o que há de mais excelente se torna defeituoso.

Vós sois grande, acima de toda imaginação, e vos elevais acima de todas as hierarquias celestes.

Vós sois grande, acima de todas as grandezas, e sois exaltado acima de todos os louvores.

Vós sois forte; nenhuma das vossas criaturas poderá comparar-se à vossa Entidade.

Vós sois forte; é a vós que pertence esta força invencível que nunca muda nem se altera. Vós sois forte; pela vossa magnanimidade, perdoais no momento da vossa mais ardente cólera e vos mostrais paciente com os pecadores. Vós sois forte; a vossa misericórdia, que existe desde todo sempre, se estende sobre todas as vossas criaturas.

Vós sois a luz eterna que as almas puras verão e que a nuvem dos pecados ocultará aos olhos dos pecadores. Vós sois a luz que está oculta neste mundo e visível no outro, onde a glória do Senhor se mostra.

Vós sois soberano; os olhos do entendimento que vos desejam ver se admiram de só poderem fazê-lo em parte e nunca totalmente.

Vós sois o Deus dos deuses, verdade que todas as vossas criaturas atestam; em honra deste grande nome, todos a vós devem dar o seu culto. Vós sois Deus; todas as criaturas são vossos servos e adoradores. Mesmo que algumas criaturas adorem outros deuses, a vossa glória não é diminuída, porque a intenção dessas criaturas é a de se dirigirem a vós.

Estas são como cegos que devem seguir o grande caminho e se desviam: um cai num poço, outro num buraco; em geral, todos julgam ter alcançado seus desejos e fatigam-se em vão. Mas os vossos servos são clarividentes e andam por um caminho certo de que nunca se desviam nem à direita nem à esquerda, até entrarem no átrio do palácio do rei.

Vós sois Deus; por vossa divindade sustentais todos os seres e por vossa unidade assistis a todas as criaturas.

Vós sois Deus; não há diferença entre vossa divindade, vossa unidade, vossa eternidade e vossa existência, porque um só e mesmo é o mistério. Embora diversamente nomeados, todos esses atributos se confundem no mesmo Ser.

Vós sois sábio e o ancião dos anciãos, e a ciência sempre se nutriu junto a vós. Vós sois sábio; não aprendestes a ciência de ninguém, e só de vós mesmo a adquiristes.

Vós sois sábio; como um operário arquiteto, reservastes da vossa ciência uma divina vontade, para num tempo determinado atrair do nada o ser, da mesma forma que a luz que sai dos olhos é atraída pelo seu próprio centro, sem nenhum instrumento ou objeto. Esta divina vontade cavou, traçou, purificou e fundiu; ela ordenou ao nada que se abrisse, ao ser que se aprofundasse e ao mundo que se estendesse. Ela mediu os céus a palmos: com o seu poder reuniu o pavilhão das esferas, com os cordões do seu poder fechou as cortinas das criaturas do universo, e tocando com sua força as extremidades da cortina da criação, reuniu a parte superior à inferior.

ORAÇÃO MUITO EFICAZ CONTRA INIMIGOS

A direita do Senhor mostrou a sua força; a direita do Senhor mostrou o seu poder, tirando-me do perigo; a direita do Senhor deu provas da sua infinita graça; não perderei a vida, antes viverei, cantarei as maravilhas do Senhor e dar-lhe-ei os meus louvores.

O Senhor me castigou pela sua justiça, mas a sua bondade me livrou da morte. Assim seja.

Quando os meus inimigos conjuraram para me perder e se lançaram sobre mim como animais ferozes sobre a presa que perseguem, Deus tirou-lhes a força e os fez cair nos mesmos laços que me armaram.

ORAÇÃO CONTRA O TEMOR

Quem a trouxer no peito, nada sofrerá e será protegido pelos Arcanjos São Miguel, São Gabriel e São Rafael.

Faze, ó Deus, meu soberano bem, que eu esteja livre de toda má intenção e de todo perigo.

Deus Pai, livra-me do temor e tira-me dos transes difíceis, como tiraste do fogo os três moços Sidrac, Misac e Abdênago.

E se, com tanto fervor, te peço para guardar meu corpo, como não pedirei que guardes minha alma? Por ela podemos compreender-te um pouco, porque é parte da tua grande divindade.

ORAÇÃO CONTRA A FRAGILIDADE HUMANA

Deus Santo † Forte † Imortal † Misericordioso † Salvador meu, não permitas que sejamos expostos a uma morte horrível e cruel. Lembra-te desta sociedade que te pertence por toda a eternidade.

CONJURO MARAVILHOSO SOBRE AS ARMAS

Para não ser ferido por elas.

Eu conjuro toda espécie de armas, lanças, espadas, facas, punhais, flechas e toda classe de armas cortantes em geral, pelo Pai, Filho e Espírito Santo, pelos 72 nomes de Deus, pela sua virtude infinita e seu poder supremo. Eu vos conjuro pela lança com que o soldado Longino transpassou o peito de Jesus, do qual saiu sangue e água, e pelos outros nomes de Deus † Joth † Heth † Vari † Hell, para que não façais feridas em mim, que sou um humilde servo de Deus, nem derrameis meu sangue.

Eu vos conjuro, armas de todo gênero, pela virtude dos santos nomes de Deus † Hel † Já † Hye † Jae † Va † Adonay † Cados † Oborel † Agla † Agiel † Azel † Sadon † Esul † Eloy † Helo † Delis † Jeni † Jacer † Dei † Josi † Jelim † Rasael † Paliel † Mamiel † Oncha † Dilaton † Shadday † Alma † Pavix † Alim † Catival † Utanzaraf † Zulphi † Eala † Carsaly † Jaufta † Hictimi † Sed † Der † Aglaia † Gamiel e Pamion † Panteon † Ramboy † Emanuel † Joth † Lucaf † Via † Calip † Lon † Israel † Miel † Ciel † Piel † Patriteron † Jafaron † Lenyno † Zael †, para que não possais ferir a mim, que sou servo de Deus, nem derrameis o meu sangue.

Também vos digo que não quebreis meus ossos; a destra do Senhor me exaltou. O senhor me castigou, porém me livrou da morte. Louvores e graças lhe sejam dados por todos os séculos. Assim seja.

ORAÇÃO CONTRA ENCANTOS E MALEFÍCIOS

Evita toda sorte de encantos, malefícios, sortilégios, visões, ilusões, possessões, obsessões, obstáculos, malefícios de casamentos e influências de maus espíritos. Proveitosa também contra todos os males e doenças de animais domésticos.

Verbo que te fizeste carne, foste pregado na cruz e estás sentado à direita de Deus Pai, eu te conjuro por teu Santo Nome, ante o qual todo mundo se humilha, a que recebas as súplicas daqueles que põem toda a sua fé e confiança em Ti. Digna-te preservar esta criatura de todo ataque maléfico por parte dos demônios e dos maus espíritos, para o que faço aqui a cruz † de Nosso Senhor Jesus Cristo, de quem depende nossa saúde, nossa vida, nossa ressurreição espiritual e a queda de todos os espíritos malignos.

Fugi, pois; desaparecei daqui, demônios, inimigos conjurados do homem.

Eu vos ordeno e vos conjuro, seres infernais, quaisquer que sejais, presentes ou ausentes, chamados sob qualquer pretexto pelos homens maus que vos obrigam a fazer o mal, ou que por vontade própria tendeis a habitar ou ficar onde vos encontrais; eu vos conjuro, repito, a que abandoneis esta criatura, pelo Deus vivo †, pelo verdadeiro Deus †, pelo Deus Santo †, por Deus Pai †, por Deus Filho †, pelo Espírito Santo †, também Deus †, e principalmente por aquele que foi imolado em Isaac †, vendido em José, crucificado, sendo homem †, morto como um cordeiro, por cujo sangue São Miguel combateu contra vós, vencendo-vos e fazendo-vos fugir quando aparecestes diante dele.

Eu vos proíbo, em nome de Deus Uno e Santo, de atormentar ou causar qualquer dano, sob qualquer pretexto, a esta criatura, quer no seu corpo, quer na sua alma, seja por visões, medo, tentações ou qualquer outra forma, esteja ela acordada ou dormindo, trabalhando espiritual ou materialmente.

Porém, se fordes rebeldes à minha vontade, vos deitarei toda classe de maldições, excomunhões e males, e vos impelirei com o beneplácito da Santíssima Trindade a ir ao tanque do fogo inextinguível, onde sereis condenados e castigados pelo vencedor São Miguel. Se os homens maus vos obrigam, por mando expresso ou por vos terem dado culto de adoração e perfumes, seja por palavras ou esconjuros mágicos, seja servindo-se de ervas, pedras, ar, água ou fogo; quer se efetue naturalmente, sem imposição de nada; quer se tenham servido de coisas sagradas e empregado o nome do Deus e dos anjos, gravando seus caracteres e examinando os anos, meses, dias, horas e minutos; quer tenham feito convosco um pacto tácito ou manifesto, embora com juramento solene, eu corto, destruo e anulo todas essas atuações, pelo poder de Deus Pai †, que criou todas as coisas; pela grandiosidade e sabedoria do Filho †, Redentor de todos os homens; pela bondade e pureza do Espírito Santo †; numa palavra, por aquele que cumpriu a lei † *Tetragrammaton* † *Jehovah* † *Alpha e Ômega* na sua totalidade †, que é † e será sempre † *Omnipotens* † *Agios* †, *Athanatos* †, *Sother* †, princípio e fim de tudo o que foi criado.*

Acabe-se, ante isso, todo poder infernal e os maus espíritos fujam apavorados de... (*Fulano...*), sobre quem faço o sinal da cruz, na qual Jesus Cristo morreu e que por si só bastaria, se todos os Anjos, Arcanjos, Patriarcas, Profetas, Apóstolos, Mártires, Confessores e Virgens não advogassem pela perseguição e derrota do inferno.

Almas santas que viveis ao amparo da Igreja, fazei comigo a sagrada homenagem a Deus Todo-Poderoso para que ela chegue até o seu trono, como a fumaça do coração do peixe que foi queimado por ordem do Arcanjo Rafael.

Desaparecei, demônios, como o espírito imundo desapareceu diante da casta Sara; que todas estas mal-

---

* *Tetragrammaton* — Palavra grega para o Tetragrama Sagrado, referindo-se às quatro letras hebraicas do nome impronunciável de Deus, YHWH (*Yod He Vav He*); *Omnipotens* — pronuncia-se Omnípotens, palavra latina para Onipotente; *Agios, Athanatos, Soter,* do grego, respectivamente, *Santo, Imortal, Salvador*. Pronuncia-se Águios, Atánatos, Sotér. (N.T.)

dições vos *caiam*, não permitindo que vos aproximeis de modo algum desta criatura, que tem a dita de trazer na sua fronte o sinal da Santa Cruz, porque a ordem que vos dou agora não é minha, mas d'Aquele que foi o enviado do seio do Pai Eterno a fim de anular e destruir os vossos malefícios, razão pela qual sofreu morte cruel na árvore da Cruz.

Ele deu a nós, seus adoradores, o poder de vos mandar, como faço, tanto para a sua maior glória como para o proveito e o bem dos fiéis que O amam deveras. Por isso eu, amparado pela mercê e pelo poder recebido de Nosso Senhor Jesus Cristo, e empregando seu Santo Nome, vos conjuro e ordeno, de todo o coração, que não vos aproximeis desta criatura.

Fugi, pois, e desaparecei à vista da Cruz. O leão da tribo de Judá venceu, assim como a família de Davi. *Aleluia!* Assim seja, assim seja. Faça-se, faça-se.

ORAÇÃO QUE LIVRA DE DANOS A PESSOA QUE A LEVA CONSIGO

(É muito importante saber que aquele que lê ou recita a oração deve estar na presença do enfermo e a seu lado direito, e que o sinal da cruz deve ser feito da esquerda para a direita.)

Barnasa † Leutias † Buclela † Agla † Aglaia † Sabaoth † Adonay † Senhor † Ariel † Elohim † Deus admirável, socorrei... (*Fulano...*), servo vosso, embora indigno.

Livrai-me de todos os perigos, da morte do corpo e da alma e dos laços dos meus inimigos, tanto visíveis como invisíveis.

Deus † Ely † Eloy † Ela † Adonay † Sabaoth †.

Que estes Santos Nomes me sejam propícios a mim que sou servo de Deus †, porque este é o meu corpo † amado por Ele †. Assim seja.

PALAVRAS MÁGICAS E MISTERIOSAS

Aquele que as trouxer no peito estará livre de perigos e malfeitores.

† Valeam de Zarac, † Adonay ††† Princípio † e fim, † união, † sabedoria, † verdade, † esperança, † consolo. † Sou a fonte, † o mediador, † Agios, † a ovelha, † o laço, † o calhau, † a pedra angular, † o benfeitor, † o esposo, † a pequena divindade, † a negridão, † a graça, † a paz, † o amor, † a força, † a unidade, † Todo-Poderoso, † Mateus, † João, † Marcos, † João, † Lucas, †††.

Aleluia †, Aleluia †, Aleluia †. Assim seja.

ORAÇÃO QUE DEVE SER RECITADA ANTES DE COMEÇAR QUALQUER OPERAÇÃO MÁGICA

Ó Deus Todo-Poderoso! Deus Fortíssimo! Deus Dulcíssimo! Deus Altíssimo e Glorioso! Deus Soberano e Justo! Deus Clementíssimo! Eu me humilho aos vossos pés confessando humildemente que sou um pecador indigno e cheio de iniquidades. Eu me apresento à vossa Divina Majestade e imploro a vossa misericórdia e a vossa bondade infinita.

Não olheis para o imenso número de pecados que cometi, pois que sempre vos compadeceis dos penitentes, e dignai-vos ouvir minhas súplicas.

Bendizei, eu vo-lo peço, minha operação com vossa bondade, misericórdia e virtude infinitas e inesgotáveis. Esta é a graça que vos peço † em nome de vosso Filho † que reina convosco e com o Espírito Santo †, por todos os séculos. Amém.

ORAÇÃO MISTERIOSA PARA ATRAIR AS FORÇAS SUPERIORES

Eu vos conjuro, todos vós, Santos e Santas, Mártires, Confessores e Virgens de Deus, para que intercedais por mim, pobre pecador, junto a Nosso Senhor Jesus Cristo, que vive e reina eternamente com o Espírito Santo, para fazer-me desfrutar do Santo Paraíso. Amém.

Que o Deus de Abraão †, o Deus de Isaac †, o Deus de Jacó †, o Deus de Aarão †, o Deus de Elias †, o Deus de Noé †, enfim, que esse Deus, repito, esteja sempre comigo. Assim seja. Os bem-aventurados Arcanjos Miguel, Rafael, Gabriel, os Anjos e Querubins, todos os Santos Anjos e Arcanjos e todos os Santos em geral venham em meu socorro durante os dias da minha vida. Que o Deus Onipotente me leve à vida eterna. Amém.

Anedam †, Austis †, Tautazo †, Barachedio †, Menor †, Gedida †, Eleison †, Matin †, Igion †, Frigam †, Fides †, Valey †, Unis †, Regnab †, Sandam †, Agios †, Athanatos †, Eleison †, Hymas †, Santo Imortal †, tende piedade de mim, pobre pecador. Amém.

Bem-aventurados Miguel Arcanjo †, Rafael †, Uriel †, Gabriel †, Barachiel †, Querubim † e Serafim †, intercedei por mim junto a Deus. Eis aqui a † do Nosso Senhor Jesus Cristo. Fugi, pois, inimigos meus; o leão da tribo de Judá venceu; raça de Davi, Aleluia.

Livrai-me, Deus meu, de meus inimigos e das mãos daqueles que cometem o mal e daqueles que querem manchar suas mãos no meu sangue. Assim seja.

Ó Deus! Fazei ressaltar a glória do vosso nome e salvai-me; fazei aparecer o vosso poder, sustentando a bondade da minha causa †. Vós, que salvais os reis, e que resgatastes Davi, vosso servo, livrai-me da espada de meus inimigos que maliciosamente tratam de perder-me.

Jesus Cristo vence †, Jesus Cristo reina †, Jesus Cristo manda †, Jesus Cristo me preserva e me defende de todo mal. Amém.

ORAÇÃO CONTRA AS ADVERSIDADES DO MUNDO

Quebrem-se as armas e, onde haja madeira, deite-se fogo, dizendo:

Permanecei em repouso e reconhecei meu poder e minha divindade, porquanto não vos necessito. Minha glória se fará reconhecer na terra, porque tal é a vontade d'Aquele que tudo pode. Amém.

LOUVORES ETERNOS A DEUS

Concedendo-me tua graça, nada poderão contra mim meus inimigos. Terei a humildade de Jesus Cristo, a palavra do Espírito Santo, a pureza de Abel, o socorro de Noé, a fé de Abraão, a obediência de Isaac, a inocência de Jacó, a paciência de Jó, a docilidade de Moisés, a santidade de Abraão, a sabedoria de Salomão, a boa sorte de Josué, a justiça de Davi, a força de Sansão, o poder de Pedro, a firmeza de Paulo, a castidade de João, a palavra de Matias, o esplendor da lua, a claridade do sol, a amplidão do céu, a longitude da terra, a profundidade do mar, a corrente do Jordão, a glória da Santa Jerusalém, o socorro de todos os Santos e de Nosso Senhor Jesus Cristo, pelo qual todas as coisas foram feitas; que este mesmo Filho de Deus, engendrado pela Bem-aventurada Virgem Maria, ilumine meu espírito com a luz da glória; que mude a inimizade de meus inimigos em amor; que a má vontade deles, seus perversos desígnios e seus projetos malévolos sejam aniquilados por sua doçura e, em virtude de todos os Santos Nomes citados e do Grande Deus Onipotente, que todos os seus esforços sejam estéreis e fiquem sem efeito.

Que esse mesmo Deus que nasceu da Bem-Aventurada Virgem Maria mude em bem, em meu favor, todos os seus malvados e diabólicos pensamentos. Amém, amém, amém.

Que Jesus Cristo, verdadeiro Deus, sempre cheio de ternura e compaixão pelos homens, me preserve de todo dano.

Que os Santos Nomes de Deus Onipotente me sirvam de forte escudo contra os envenenados dardos de meus inimigos, a fim de que não me possam causar dano, a mim que, embora miserável pecador, sou filho de Deus.

Que todos se dissolvam diante da minha presença como se liquefaz e dissolve a cera à proximidade do fogo. Amém.

† Jesus Cristo vence, † Jesus Cristo reina, † Jesus Cristo manda, † Jesus Cristo me livre e me preserve de toda espécie de adversidade, e também da morte, a mim, que sou seu filho, Amém.

† Jesus Cristo, Rei e Deus feito homem, vem em paz. E Jesus, passando pelo meio deles, ia-se, † tudo está consumado, † a quem buscais? † Sim, sou eu, † sou eu a quem buscais; deixai ir aqueles; † e Jesus, passando pelo meio deles, ia-se, † tudo está consumado, † e baixando a cabeça, entregou o espírito. Louvores sejam dados a Deus e à Bem-Aventurada Virgem Maria. Porque Deus vos destruirá, Deus vos levará, † Ele vos arrancará da vossa mansão e vos riscará da terra dos vivos para castigar vossa maldade.

Em nome do Pai †, do Filho †, e do Espírito Santo †. Amém.

Que só ao nome de Jesus todo joelho se dobre, celeste, terrestre e também infernal, e que todos exclamem, em voz alta, que Nosso Senhor Jesus Cristo está à direita de Deus Pai, gozando sua glória. Só nos falta, agora, glorificar a Cruz de N. S. J. C., na qual se acha nossa salvação, nossa vida, nossa ressurreição espiritual, pela qual Jesus Cristo salvou a todos.

Que Deus derrame sobre nós os efeitos de sua onipotente bondade, nos encha de bênçãos, faça brilhar sobre nós a luz do seu semblante e nos socorra com sua infinita misericórdia. Amém.

ORAÇÃO MISTERIOSA PARA ALCANÇAR A TRANQUILIDADE DA ALMA

Em nome do Pai †, do Filho †, e do Espírito Santo †. Amém.

Elevai-vos, Trindade e Unidade †, um Deus messias † Soter † Emanuel † Sabaoth † Adonay † Coteraton † Ysion † Son † Geon † Osian † Saúde † Vida † Verdade † Ve † Sabedoria † Eu sou † quem sou † sou o cordeiro † a ovelha † a serpente † o carneiro † o leão † o verme † o sol † Agla † a imagem † o pão † a vida † a flor † o calhau † o ângulo † o Pastor † o Profeta † o Sacerdote † o Santo † o Imortal † o Grande Rei.

Sou o primeiro † e o segundo leão † a terceira flor † o quarto arbusto † a quinta terra † a sexta madureza † a sétima Sagai † a oitava Belém † o nono Tetragrammaton † o décimo Seloy † o undécimo Seloy — Satos † Ecaton † Hymas † Ebison † Salvador † Alfa ou princípio † e Ômega ou fim † primeiro nascido † o começo † o consolo † o mediador † Verbo † Ischyros † a glória † a luz † o mundo † o Pai † o Filho Onipotente † o Espírito Santo misericordioso † a brancura e pureza eternas † o Criador † o Redentor † o Anjo do Grande Conselho † Trino † um Deus † Santo, Santo, Santo † o Senhor dos Senhores † o Deus dos deuses † Deus inefável, Deus incompreensível † Justo juiz † e sempre nos combates, na terra ou na água, Gedelone, Supremo Príncipe dos Exércitos Celestes, e sempre nas marchas, nas guerras; Rei dos Judeus, tende piedade de nós.

Aleluia! Eu vos suplico, ó Senhor, Deus meu, Santíssimo, por todos os vossos santos nomes, eu vos conjuro a que tomeis por bem atender à minha súplica, por fraca que seja, a que me preserveis de todo perigo, das contrariedades da vida e das tentações do demônio, e a que me liberteis, não só agora, mas por todos os séculos dos séculos. Amém.

Deus de Abraão, Deus de Isaac, Deus de Jacó, Deus dos Anjos, Deus dos Apóstolos, Deus dos Mártires, Deus de todos os Santos e Santas escolhidos de Deus, intercedei a Deus por mim... (*diz o nome*).

Deus, repito, tão doce, tão misericordioso, tão humilde de coração, que não quer a morte do pecador nem a perda de sua alma, mas sim que seja remida, livrai-me de todo mal. Amém.

ORAÇÃO PARA OBTER HONRAS E RIQUEZAS

Deve ser escrita num domingo, no momento do nascer do Sol.

Ó Deus, cuja misericórdia é infinita, eu vos suplico muito encarecidamente, pela força e virtude de todos os vossos Santos Nomes escritos e espalhados neste livro, e também em nome de todos os santos e santas, que vos digneis preservar hoje e em toda ocasião e tempo, a mim, que peço humildemente o vosso divino auxílio, e a todas as vossas criaturas. Rogo-vos também que livreis de todo mal e de toda iniquidade tanto os meus amigos quanto os meus inimigos e todos os que vos são fiéis na superfície da terra.

Eu vos suplico, com a verdadeira humildade de que é capaz a criatura humana, pela força, virtude e mérito da paixão de Nosso Senhor Jesus Cristo, pela força de todos os vossos santos Nomes, do nome da Virgem Maria e dos nomes de todos os vossos santos e santas, que vos digneis, tanto agora como sempre e em todo lugar em que me achar, preservar a mim e aos meus bens da maldade de meus inimigos, que só tratam de perder-me.

Preservai-me de modo geral, repito, de toda espécie de perigos, perdas, tempestades, raios e faíscas, pestes, penúrias, serpentes, assim como de todos os animais perigosos e daninhos, a fim de que possamos tranquilamente louvar-vos, bendizer-vos e glorificar-vos eternamente, por todos os séculos dos séculos. Amém. — (*Rezar um Pai-Nosso e uma Ave-Maria*).

Salvai-nos das mãos de nossos inimigos, a fim de que, livres deles, possamos vos servir sem temor, ó Senhor! Prostrai-os com a força do vosso braço, que tão maravilhosamente se distinguiu ao exterminar soberbos inimigos, manifestando desse modo a grandeza de vossa glória e abatendo o orgulho dos irmãos que ousam levantar-se contra vós. O fogo da vossa cólera, que fizestes descer sobre suas cabeças, os devorou num instante; as águas se amontoaram umas sobre as outras, pois eram agitadas pelos espíritos do vosso furor.

Fazei, Senhor, que fiquem imóveis e paralisados como pedras, até que vosso povo tenha passado e esteja fora de todo perigo.

Jesus Cristo, Rei da Glória, veio; esse Deus se fez homem; abateu seus inimigos com sua mão armada e com a força de seu braço. Jesus, passando pelo meio deles, ia-se; que o horror e o espanto abatam sua coragem diante da simples ideia de vossa força.

Fazei, Senhor, que fiquem imóveis como pedra, até que vosso povo tenha passado, até que este por vós escolhido tenha passado. Amém.

ORAÇÃO A N. S. J. C., REDENTOR DO MUNDO

Eu vos suplico, Senhor, Filho do grande Deus vivo, por vossa Santa Cruz, que perdoeis meus pecados; por vossa Santa Cruz, que conserveis sã e salva a minha cabeça; por vossa Santa e inestimável Cruz, que preserveis meus pés de toda espécie de acidentes, e todos os meus membros de modo geral.

Dignai-vos conceder o perdão de meus pecados e a vida eterna. † Deus Santo, santificai-me, † Deus Onipotente, fortificai-me, † Deus Eterno, sustentai-me, † Deus Imortal, tende piedade de mim †.

Ó divino Jesus! Vós padecestes o escárnio, o insulto, a vergonha, a zombaria e a ferida do povo que vos ofendeu. Éreis Deus Filho, podíeis humilhá-los diante de vós, mas não o fizestes; podíeis aniquilá-los, mas não o intentastes. Jesus bendito, sois grande e o único modelo do bem supremo.

A nós, pecadores, redimi-nos, e como somos tão pouco e vós tanto, ao nos dirigirmos à vossa misericórdia, não permitais que soframos insultos, nem ferimentos, nem morte triste, ó vós que passastes por tudo isso.

Quão grande sois! Bendito sejais por todos os séculos. Amém.

ORAÇÃO DIVINA

Quem trouxer esta oração no peito, cujo original Papa Leão I, enviou a Carlos, rei da França e imperador do Ocidente, não sofrerá desgraça alguma e alcançará honras e riquezas.

Cruz de Jesus Cristo, que eu adoro sempre †; que a Cruz de Jesus Cristo seja meu guia na vida e depois da morte; que a Cruz de Jesus Cristo me proteja contra os perigos e seja meu poder contra quem me assaltar †. Cruz de Jesus Cristo, livra-me da tentação e afasta de mim os maus pensamentos e quem os sugerir †. Cruz de Jesus Cristo, que eu tenha tudo o que não tiveste na terra: paz, consideração, bem-estar e alegria †. Cruz de Jesus Cristo, estende sobre mim piedoso manto e reserva-me um lugar no céu para aí adorar-te †. Que a Cruz de Jesus Cristo me livre de todo perigo, tanto presente como futuro †. Que eu obtenha por ela o socorro da graça divina e que sua autoridade me sirva de defesa contra meus inimigos †. Que a Cruz de Jesus Cristo me livre de todas as infelicidades desta vida †; que a Cruz de Jesus Cristo esteja sempre comigo e me salve †; que esteja adiante e atrás de mim, para que, quando o demônio, meu antigo inimigo, a vir em mim e comigo, se afaste e fuja de mim †. Que todos os espíritos malignos me evitem pelo sinal da Cruz †, por Eloi †, Tetragrammaton †, Diday † e Pontayeto Esbri †.

E Jesus, passando pelo meio deles, ia-se †, Jesus †, manancial † princípio † fim † verdade † Onipotente †.

Em nome do Pai † e do Filho † e do Espírito Santo † Amém.

ORAÇÃO DE SANTO AGOSTINHO

Dirigida ao Espírito Santo para se obter uma revelação.

Deus meu! Sê-me propício, por indigno que eu seja de tuas mercês, e faze que minhas palavras cheguem sempre a ti, para que conheças meu espírito. Deus de Abraão, Deus de Isaac, Deus de Jacó, tem piedade de mim, e manda teu Arcanjo Miguel em meu auxílio para que me defenda do mal e veja a minha admiração por ti.

Bem-aventurados Gabriel, Rafael e todos os Santos da corte celeste, socorrei-me e concedei-me a graça de que meus inimigos, que também são inimigos de Deus, não possam fazer-me sofrer suas maldades, pois enquanto estou acordado, penso em Deus e, quando durmo, sonho com suas grandezas e maravilhas.

Salvador do mundo, já que me livraste de outro mal maior — morrer no inferno —, não me desampares; completa tua obra e concede-me tua graça.

Suplico-te humildemente, Deus meu, que me ampares, Agios ó Theós, Ískyros, Athánatos, Eléison hymas, (*respectivamente*) Deus Santo, Deus Forte, Deus Imortal, tem piedade de mim.

Cruz adorável de Jesus Cristo, salva-me! Cruz de Cristo, salva-me! Essência de Cristo, salva-me!

Em nome do Pai, do Filho e do Espírito Santo. Amém.

ORAÇÃO A SÃO MIGUEL

Para as pessoas que viajam por mar.
Deve ser escrita no dia de São Miguel,
antes do nascer do sol.

Miguel Arcanjo, que obtivestes a guarda do paraíso, vinde socorrer o povo de Deus e comprazei-vos em nos defender contra as tentações do demônio e contra todos os nossos inimigos em geral, que são muito poderosos, e levai-nos à presença de Deus, mansão dos bem-aventurados.

† Senhor Deus meu, cantarei vossos louvores na presença de vossos anjos.

† Eu vos dedicarei as minhas mais humildes homenagens em vosso Santo Templo e publicarei a grandeza de vosso Santíssimo Nome por todos os séculos. Amém.

ORAÇÃO A SÃO MARCOS E SÃO MANSO

Para nos livrar de todos os malefícios.

São Marcos me marque, São Manso me amanse. Jesus Cristo me abrande o coração e me aparte o sangue mau; a hóstia consagrada entre em mim. Se os meus inimigos tiverem mau coração, não tenham cólera contra mim. Assim como São Marcos e São Manso foram ao monte e lá encontraram touros bravos e mansos cordeiros, e os prenderam e pacificaram nas moradas de suas casas, assim os meus inimigos fiquem presos e pacíficos nas moradas de suas casas, debaixo do meu pé esquerdo. Assim como as palavras de São Marcos e São Manso são certas, repito:

"Filho, pede o que quiseres, que serás servido. Na casa em que eu chegar, se tiver cão de fila, que se retire do caminho. Que ser nenhum se mova contra mim, nem vivo nem morto. Batendo na porta com a mão esquerda, desejo que imediatamente se abra".

Jesus Cristo, Senhor Nosso, desceu da cruz. Assim como Pilatos, Herodes e Caifás foram os algozes de Cristo, e Ele consentiu todas essas tiranias; assim como o próprio Jesus Cristo, quando estava no horto fazendo sua oração, virou-se e viu-se cercado de seus inimigos, e disse: "Sursum corda", e todos caíram no chão até que ele terminasse a sua santa oração; assim como as palavras de Jesus Cristo, de São Marcos e de São Manso abrandaram o coração de todos os homens de mau espírito, os animais ferozes e tudo o que a Ele quis opor-se, tanto seres vivos como mortos, tanto na alma como no corpo, e os maus espíritos, tanto visíveis como invisíveis; do mesmo modo, não serei perseguido pela Justiça nem pelos inimigos que quiserem me causar dano, tanto no corpo como na alma.

Viverei sempre sossegado na minha casa. Pelos caminhos e lugares por onde eu transitar, que vivente de espécie nenhuma me possa estorvar; antes todos me prestem auxílio naquilo que eu necessitar.

Acompanhado da presente oração santíssima, terei a amizade de todo mundo e todos me quererão bem, e por ninguém serei aborrecido.

ORAÇÃO
A SANTA CATARINA

Minha Santa Catarina, preclara e digna, vós fostes aquela Senhora que passou pela porta de Abraão, encontrou quatrocentos homens bravos como leões, e com vossas santas palavras abrandastes os seus corações. Assim também, minha Santa Catarina, abrandai o coração dos meus inimigos. Se tiverem pés, que não me alcancem; se tiverem olhos, que não me vejam. Que se sintam para todo o sempre tão acorrentados, de pés e mãos, como meu Senhor Jesus Cristo se sentiu na Cruz.

OUTRA ORAÇÃO A SANTA CATARINA

Minha beata Santa Catarina, bela como o sol, formosa como a lua, linda como as estrelas. Do mesmo modo que encontrastes 50 mil homens, ouvistes a todos e os abrandastes, assim vos peço, Senhora, que abrandeis o coração de *Fulano...* (diz-se o nome) para mim.

Fulano, quando me vires, te interessarás por mim. Se não me vires, por mim chorarás e suspirarás, assim como a Virgem Santíssima chorou por seu bendito Filho.

Fulano, debaixo de meu pé esquerdo eu te calco, seja com duas, seja com quatro, eu te parto o coração. Se estiveres dormindo, não dormirás; se estiveres comendo, não comerás; se estiveres conversando, não conversarás. Não sossegarás enquanto comigo não vieres falar, contar o que souberes e dar-me o que tiveres; e me amarás entre todas as mulheres do mundo. E para ti parecerei uma rosa fresca e bela.

ORAÇÃO CONTRA QUEM NOS QUER MAL

Eu, coberto com o manto de Nossa Senhora da Guia, andarei, não andarei, meus inimigos encontrarei, mal não me farão, nem eu lhes farei. Andarei, não andarei, um cruzeiro encontrarei, foi o Anjo São Gabriel que encontrou Nossa Senhora e a salvou, rezando "Ave-Maria".

O braço do Onipotente recaia sobre quem me queira fazer mal, que fique imóvel, como pedra, enquanto eu, triste pecador, continuo a serviço de Nosso Senhor. Amém.

ORAÇÃO CONTRA O MAU-OLHADO

Leva o que trouxeste. Deus me benza com a Santíssima Cruz.

Deus me defenda dos maus olhos, dos maus-olhados e de todo mal que me quiserem fazer. Tu és o ferro, eu sou o aço; tu és o demônio e eu o embaraço.

Pai, Filho, Espírito Santo. Amém.

ORAÇÃO PARA DEFUMAR A CASA

Defumo a minha casa, em louvor de Deus e do Santíssimo Sacramento, para que desta porta todo mal saia. Se forem assim como são as três pessoas da Santíssima Trindade, que vá este mal para cima de quem me botou.

Em louvor de Deus e do Santíssimo Sacramento, entre toda fortuna por essa porta adentro.

ORAÇÃO DE SÃO CIPRIANO

Para nos livrar de todos os malefícios.

Eu, Cipriano, servo de Nosso Senhor Jesus Cristo, ouvi a Deus, o Pai Onipotente, e disse-lhe: Tu és o Deus forte, meu Deus Onipotente, que habitas na grande luz! Tu és santo e digno de louvor e desde o tempo antigo viste a maldade do teu servo e as iniquidades em que eu me meti pela maldade do demônio. Eu não sabia, então, o teu verdadeiro nome; eu passava por entre as ovelhas e elas não tinham pastor. As nuvens não podiam dar seu orvalho à terra, as árvores não davam os seus frutos e as mulheres em trabalho de parto não podiam dar à luz. Eu ligava e não desligava; eu amarrava os peixes do mar, e eles não eram livres; amarrava as estradas do mar e retinha muitos males, conjuntamente. Agora, porém, Senhor Jesus Cristo, meu Deus, eu conheci teu Santo Nome e o amei e me converti de todo o meu coração, de toda a minha alma, de todas as minhas entranhas, desviando-me da multidão de minhas faltas para marchar em teu amor, segundo teus mandamentos e que são minha fé e minha prece. Tu és o verbo da verdade, a palavra única do Pai. Eu te conjuro a quebrar todas as cadeias e todos os entraves, pela virtude do teu Santo Nome.

ORAÇÃO CONTRA RAIOS, CORISCOS, FURACÕES, TEMPESTADES E OUTRAS CALAMIDADES

Cristo Rei veio em paz. E Deus se fez Homem, e o Verbo se fez carne. Cristo nasceu de uma virgem, Cristo ia-se em paz pelo meio deles. Cristo morreu, Cristo foi sepultado, Cristo ressuscitou, Cristo subiu ao céu; Cristo impera, Cristo reina, Cristo nos defenda de todo raio.

Deus esteja conosco. Amém.

Eu, humilde pecador, te conjuro em nome de Deus e da Santíssima Trindade (*diz-se o que se quer conjurar*), no nome do grande Deus vivo, Adonai, Eloim, Jeová e Mitraton, que te dissolvas com o sal na água e te retires para as selvas inabitadas onde não possas causar dano algum. (*Fazer o sinal da cruz nos quatro ângulos cardeais; se houver chuva ou vento forte, cortá-los. Com uma ponta metálica ou faca na mão, levantando o braço, fazer o sinal de cortar a nuvem em quatro partes, e continuar*:)

Eu te conjuro novamente pelas seis palavras que Deus disse a Moisés — Uriel, Seraph, Josama, Ablaty, Agla, Caila — que cesse o teu fomento; conjuro-te a que te dissolvas, por Adonai, Jesus autem, Jesus superautem, superautem Jesus. (*Dizer o Pai-Nosso, até "tentação"*.)

Lagarot † Alphonidos † Paatia † Urat † Candion † Lamacron † Yodon † Arpagon † Atamat † Lenyan † Viniat † Serabani †.

PRECE A JESUS PARA SER FELIZ

Auxilia-me, Sublime Espírito, revela-me tuas verdades e separa de meu ser tudo o que é imperfeito. Dirige-me um olhar de amor e perdoa-me todos os pensamentos que me fazem indigno de ti.

Reconheço que, embora minhas aspirações sejam sinceras, meus atos as desmentem por causa da minha grande imperfeição.

Quero fazer minha felicidade, pensar nas coisas espirituais, mas os meus sentidos me escravizam. Ajuda-me, Sublime Espírito, e guia-me com a tua luz. Sê-me propício.

INVOCAÇÃO AO ONIPOTENTE EM PETIÇÃO DE DONS E MERCÊS

Em louvor e honra a Deus e proveito do próximo. Aqueles que invocam o Senhor se enchem de temor, quando não há temor.

Ilumina meus olhos para que eu nunca adormeça na morte, nem diga o meu inimigo: prevaleci contra ele.

Os que me atribulam exultariam se eu fosse morto; por isso confio em tua misericórdia.

O meu coração se alegra na tua salvação; cantarei ao Senhor que me deu bens e recitarei salmos ao nome do Senhor Altíssimo.

MEDALHA E ORAÇÃO

Para que todo aquele que a trouxer consigo, ou a ler, fique livre de feitiços e de quaisquer malefícios.

A medalha que trarás contigo deve ser fabricada de ouro ou prata, metais que devem ser muito puros; inscreverás no centro o santo nome de Deus em letras gregas, Alfa e Ômega, rodeado de raios para indicar que seu nome chega a todas as partes.

Não a trarás contigo sem teres feito um jejum rigoroso durante nove dias, e a trarás ao peito tanto de dia como de noite.

Esta medalha te livrará das perseguições de teus inimigos, que não te poderão fazer mal algum.

A oração a seguir serve para livrar a pessoa de feitiços, ligamentos, más línguas, encantos e outras coisas ocultas.

Deve ser recitada três vezes ao ano, em três domingos diferentes.

* * *

Tu que és Deus forte e poderoso, que habitas no lugar mais alto e és santo e elevado em todos os tempos, Deus e Senhor, conheço teu Santo Nome, amo-te de todo coração, hoje ponho meu firme e puro coração e toda minha vontade em teu amor e teus mandamentos, para que me guardes e me envies teu amor e misericórdia, para que rompas e desates todos os laços dos homens e mulheres, para que caia a chuva sobre a terra e esta dê fruto, para que as mulheres deem à luz filhos sem defeito algum e estes possam mamar o leite dos seios de suas mães.

Desatem-se, por sua vez, os peixes dos mares e todos os animais que andam na terra, e todas as outras coisas e todos os homens e mulheres a quem foram feitos os feitiços; de dia e de noite, sejam desatados.

Por teu Santo Nome, fuja todo inimigo de toda pessoa que sobre si trouxer esta oração ou a ler três vezes ao ano, em três domingos diferentes, e com ela seja libertada e desatada de todo mal e de todos os males feitos. Sua obra lhe aproveite e o seu Senhor a guarde, de dia e de noite, do diabo e do poder de todas as suas obras, pelo Santo Nome de Deus. Assim como a pedra deu fogo e deu água de si e dela beberam os filhos de Israel, do mesmo modo, ó Senhor Todo-Poderoso, põe a tua mão cheia de graça sobre estes teus servos † e sobre quem trouxer esta oração ou a tiver em sua casa, estando sempre com ela. Assim, Senhor, como puseste no paraíso terrestre quatro rios, o Geon, o Fison, o Tigre e o Eufrates, aos quais ordenaste que regassem o mundo, rogo-te que nem o diabo maldito nem o espírito maligno possam maltratar, fazer ligamento e causar inveja contra esses teus servos †. Além disso, todas as coisas más sejam abatidas e anuladas, para que não prejudiquem nenhuma das 72 línguas espalhadas pelo mundo; e quaisquer de seus inimigos que quiserem fazer-lhes mal sejam malditos e, pelas orações dos anjos bons, sejam estes teus servos † com toda a casa e tudo o que está dentro e fora dela, e por Emanuel e pelos santos nomes de Deus Nosso Senhor e das outras coisas que aqui são designadas, sejam desatados e desligados destes teus servos e apartados deles como os intentar o poder do diabo. Por ti, meu Deus, se apartem destes teus servos todos os malefícios, feitiços e ligamentos de toda sorte. Amém.

PRECE
À NATUREZA

Ó Natureza! Em vão pretenderam rebaixar-te os obcecados, dizendo que só eras matéria vil. Tu envolves em teu seio o Espírito Universal, os Deuses, os Mestres e os vermes da putrefação dos planetas mortos.

Miramos teus pés, ó Deusa sublime, ó Mãe Universal!

Nós que violamos todas as tuas leis, arrependidos de nossa transgressão, vimos refugiar-nos aos teus pés, para aspirarmos a Aura vivificante que emana de Ti, para readquirirmos a força, o amor, a pureza, a saúde da alma e a saúde do corpo.

Dá-nos, ó Mãe piedosa, o fio de ouro, para reter o espírito que de nós se vai.

Se não te compadeceres de nós, chegaremos a ser inferiores às bestas!

Tu, como enorme fortaleza blindada, recebias impassível os projéteis inúmeros que te lançava a insensatez humana, perseguindo vidas, devorando cadáveres, cedendo a todas as concupiscências, degradando a santa geração! Porém, os mesmos projéteis retornam aos que os arremessaram e a humanidade cruelmente ferida perecerá!

Em ti nos refugiamos, Mãe Divina, e acatando as tuas leis esperamos a almejada salvação.

Que todos os seres sejam felizes.

ORAÇÃO PARA NOS LIVRAR DO SOFRIMENTO

Deus onipotente, terno, inefável e incriado, suprema essência das espiritualidades astrais, Alma do Universo.

Senhor, por quem tudo é feito, por quem tudo é transformado, livrai-me, eu vo-lo suplico, do sofrimento que me aflige.

Fazei, Senhor, que... (*exprimir aqui o objeto da prece e repetir essa súplica várias vezes*).

Senhor, socorrei-me! Senhor, protegei-me! Senhor, vinde em meu auxílio nesta circunstância, assim como mais tarde, na hora da minha agonia e da minha morte!

Fazei também, ó Deus, que as almas dos meus queridos mortos... (*designar aqui os parentes ou amigos cuja memória é cara ao que reza*) descansem em paz na vossa misericórdia infinita.

Das imensidades etéreas onde está elevado o trono do vosso inconcebível poder, que a irradiação da vossa vontade suprema repila ao mais profundo dos abismos os espíritos tenebrosos e malfeitores que me quiserem atacar e prejudicar; que predisponha em meu favor os espíritos do mundo angélico para que me defendam, me protejam e me favoreçam.

Santíssima Trindade, em quem tenho fé, dignai--vos purificar, regenerar e reconfortar os fluidos essenciais e os átomos sutis de minha alma imortal, para que esta faísca da vossa sublime divindade me sugira uma conduta própria para a realização dos meus desejos. E vós, augustos Mensageiros do Altíssimo, Santos, Anjos, Arcanjos, Virtudes, Poderes, Tronos, Dominações, Principados, Querubins e Serafins do mundo angélico em que residis, dignai-vos aceitar a missão de levar a minha prece ao Divino Criador que conhece seu objeto. Sede meus intermediários e meus protetores junto ao Onipotente. Imploro vossa assistência, invocando-vos em meu auxílio.

Assim seja.

ORAÇÃO CONTRA ROUBOS

Medalha do Arcanjo Rafael

Esta antiga oração deve ser colocada com uma medalha do Arcanjo Rafael no lugar onde estão os objetos que se quer preservar do roubo.

Imparibus meritis pendent tria corpora ramis:
Dymas es Gesmas † in medio est Divina Potestas.
Alta peti Dismas infelix infima Gesmas:
*Nos te res nostras conservet Summa Potestas: Hos versus dicas ne te furto tua perdas.**

---

* De méritos desiguais, três corpos pendem da cruz:/Dismas e Gesmas, no meio deles, o Poder divino./Ao céu aspira Dismas, ao inferno, o infeliz Gesmas./Conserve-nos o Poder supremo, a nós e aos nossos bens. (Se recitares estes versos, não serás roubado.) (N.T.)

CÂNTICO DE MOISÉS EM AÇÃO DE GRAÇAS PELOS BENEFÍCIOS RECEBIDOS

Cantemos ao Senhor, porquanto gloriosamente se magnificou, submergiu no mar o cavalo e o cavaleiro.

A minha fortaleza e o meu louvor é o Senhor e ele se fez o meu Salvador: este é o meu Deus e eu o glorificarei; ele é o Deus de meu pai e o exaltarei.

O Senhor é como um homem guerreiro; o seu nome é Onipotente.

Precipitou no mar os carros do faraó e o seu exército: os seus mais notáveis príncipes foram submersos no Mar Vermelho.

Os abismos os cobriram, precipitaram-se no profundo como uma pedra.

A tua destra, Senhor, destruiu o inimigo.

E na grandeza de tua glória aniquilaste teus inimigos, enviaste a tua ira, que os devorou como palha. Ao sopro de teu furor se amontoaram as águas; parou a água em sua corrente; os abismos se condensaram no meio do mar.

Disse o inimigo: "Eu irei em seu encalço, apanhá-lo-ei e repartirei seus despojos; satisfar-se-á a minha alma; desembainharei minha espada, minha mão o matará".

Soprou o teu Espírito e o mar os cobriu, foram submergidos como chumbo em águas impetuosas.

Quem dentre os heróis é semelhante a ti, Senhor? Quem é semelhante a ti, que és magnífico em Santidade, que és terrível e louvável, operando maravilhas?

Estendeste tua mão e a terra os devorou.

Por tua misericórdia, foste o Capitão do Povo que resgataste; e o conduziste, pela tua fortaleza, à tua Santa morada.

Levantaram-se os povos e iraram-se: as dores ocuparam os habitantes filisteus.

Então se perturbaram os príncipes de Edom, o temor se apossou dos valentes de Moab; todos os habitantes de Canaã se enregelaram.

Venha sobre eles o medo e o pavor, pela grandeza do teu braço. Tornem-se imóveis como uma pedra, até que passe este teu Povo que possuíste.

Tu o introduzirás e plantarás no monte da tua herança; na tua firmíssima habitação, que fundaste; no teu santuário, Senhor, que firmaram tuas mãos.

O Senhor reinará eternamente e além da eternidade.

Entrou, pois, no mar a cavalaria do faraó com suas carroças e seus cavaleiros: e o Senhor fez vir sobre eles as águas do mar, porém os filhos de Israel caminharam a pé enxuto pelo meio dele.

SALMO 20

Para obter a realização de um desejo e ter sorte nos negócios e na vida.

O Senhor te ouça no dia da tribulação.
O nome do Deus de Jacó te proteja.
Que do seu santuário ele te socorra,
E de Sião te sustente.
Que ele se lembre de tuas ofertas,
E aceite os teus sacrifícios.
Que te dê o que teu coração aspira,
E realize todos os teus desejos.
Possamos alegrar-nos com tua vitória
E levantar bandeiras em nome do nosso Deus.
Sim, que o Senhor realize todos os teus pedidos.
Agora sei que o Senhor dá a salvação ao seu ungido,
E do seu santuário celeste responde
Com o poder de sua direita salvadora.
Uns confiam em carros, outros em cavalos.
Nós, porém, invocaremos o nome do Senhor Nosso Deus.
Aqueles fraquejam e caem,
Mas nós nos levantamos e ficamos de pé.
Senhor, salva o Rei
E no dia em que te invocarmos, responde-nos.

SALMO 70

Contra a pobreza e para ser bem-sucedido, pagar as dívidas e nunca faltar dinheiro.

Vem livrar-me, ó Deus!
Senhor, vem depressa em meu socorro.
Humilhados sejam, e envergonhados,
Os que buscam a minha alma.
Recuem e fiquem atrapalhados
Os que desejam minha desgraça!
Recuem, cobertos de vergonha,
Os que dizem: "Bem feito! bem feito!"
Regozijem-se e alegrem-se contigo
Todos os que te procuram!
E os que amam a tua salvação
Repitam sem cessar: "Glória ao Senhor!"
Quanto a mim, sou pobre e indigente:
Ó Deus, vem depressa!
Tu és meu protetor e libertador:
Senhor, não te demores!

CONTRA AS CALAMIDADES PÚBLICAS

Deus onipotente e misericordioso, vós que, de preferência aos outros Santos, honrastes com um favor especial os vossos santos Jorge, Brás, Erasmo, Pantaleão, Vita, Cristóvão, Diniz, Ciríaco, Acácio, Eustáquio, Gil, Margarida, Bárbara e Catarina, fazei com que todos os que imploram a assistência deles nas suas necessidades, obtenham, conforme as vossas divinas promessas, o efeito salutar que desejam. Concedei também a nós, Senhor, vo-lo suplicamos, a remissão das nossas faltas. Pela intercessão deles, libertai-nos de todos os males e ouvi favoravelmente esta prece.

Por Nosso Senhor Jesus Cristo. Assim seja.

LADAINHA DO ANJO DA GUARDA

Senhor, tende piedade de nós.

Cristo, tende piedade de nós.

Senhor, tende piedade de nós.

Jesus Cristo, ouvi-nos.

Jesus Cristo, atendei-nos.

Deus Pai do Céu, Criador dos Anjos, tende piedade de nós.

Deus Filho, Senhor dos Anjos, tende piedade de nós.

Deus Espírito Santo, Vida dos Anjos, tende piedade de nós.

Santíssima Trindade, alegria de todos os Anjos, tende piedade de nós.

Anjo do Céu, que reverencio como meu príncipe, rogai por nós.

Anjo do Céu, que me advertis tão carinhosamente, rogai por nós.

Anjo do Céu, que me dais sábios conselhos, rogai por nós.

Anjo do Céu, meu tutor zeloso, rogai por nós.

Anjo do Céu, meu consolador, rogai por nós.

Anjo do Céu, que me ensinais os meus deveres, rogai por nós.

Anjo do Céu, testemunha de todas as minhas ações, rogai por nós.

Anjo do Céu, que me socorreis em todos os perigos, rogai por nós.

Anjo do Céu, que estais continuadamente em minha ajuda, rogai por nós.

Anjo do Céu, que me ajudais nos meus empreendimentos, rogai por nós.

Anjo do Céu, que intercedeis por mim, rogai por nós.

Anjo do Céu, que me trazeis nas vossas mãos, rogai por nós.

Anjo do Céu, que me dirigis em todos os meus caminhos, rogai por nós.

Anjo do Céu, que presidis a todas as minhas ações, rogai por nós.

Anjo do Céu, meu caridoso defensor, rogai por nós.

Anjo do Céu, que me guiais com sabedoria, rogai por nós.

Anjo do Céu, que me colocais fora dos perigos, rogai por nós.

Anjo do Céu, que me ensinais as verdades da salvação, rogai por nós.

Cordeiro de Deus, que tirais os pecados do mundo, ouvi-nos Senhor.

Cordeiro de Deus, que tirais os pecados do mundo, tende piedade de nós.

Rogai por nós, santos anjos da Guarda,

A fim de que sejamos dignos das promessas de Jesus Cristo.

PARA MERECER A PÁTRIA CELESTE

Deus onipotente e eterno, que por efeito de vossa inefável bondade nos destes a todos um Anjo da Guarda, fazei que eu tenha tanto respeito e amor por aquele que me concedestes na vossa misericórdia que, protegido pelos dons da vossa graça pelo seu auxílio, eu mereça ir para a pátria celeste e vos contemplar com ele no brilho da vossa glória. Por Nosso Senhor Jesus Cristo. Assim seja.

ORAÇÃO PARA TER ÊXITO NOS NEGÓCIOS

Esta oração, que contém os nomes esotéricos da Virgem Santíssima, dá maravilhosos resultados às pessoas que a trouxerem com fé e respeito e a recitarem repetidas vezes.

† Vida † Virgem † Flor † Nuvem † Rainha † Theotocos † Todo † Silenciosa † Imperatriz † Pacífica † Senhora † Terra † Nascimento † Fonte † Poço † Caminho † Mulher † Aurora † Lua † Sol † Porta bendita † Casa † Templo † Bem-aventurada † Gloriosa † Piedosa † Corte † Princípio † Fim † Escola † Escala † Cacho † Vinha † Vale † Trombeta † Espinho † Valado † Torre † Navio † Redentora † Liberatriz † Arca † Cinamomo † Geração † Amiga † Pedra preciosa † Mãe † Alana † Rosa † Galera † Cidade † Pomba † Romã † Tabernáculo e Grande † Maria.

Eu vos saúdo, Virgem gloriosa, Estrela mais brilhante que o Sol, mais vermelha que a rosa nova, mais branca que o lírio, mais elevada no céu que todos os santos; ó vós que sois reverenciada por toda a terra, recebei minhas humildes homenagens e vinde em meu auxílio.

No meio dos vossos dias tão gloriosos no céu, não esqueçais, Virgem Mãe, as tristezas da terra; lançai um olhar de bondade para os que estão no sofrimento, que lutam contra as dificuldades e que não cessam de umedecer os lábios nas amarguras desta vida.

Tende piedade dos que se amavam e foram separados. Tende piedade do isolamento do coração, da fraqueza da nossa fé, dos objetos do nosso amor. Tende piedade dos que choram, dos que oram e dos que tremem.

Dai a todos a esperança e a paz. Assim seja.

EVANGELHO SEGUNDO SÃO JOÃO

É o Evangelho da Luz; a sua virtude é grande. Aquele que o recitar todos os dias será preservado de muitos males.

Antes de começá-lo, fazer o sinal da cruz com o polegar na testa, nos lábios e no peito.

No princípio era o Verbo
e o Verbo estava com Deus
e o Verbo era Deus.
No Princípio, ele estava com Deus.
Tudo foi feito por meio dele
e sem ele nada foi feito.
O que foi feito nele era a vida,
e a vida era a luz dos homens;
e a luz brilha nas trevas,
mas as trevas não a entenderam.
Houve um homem enviado por Deus.
Seu nome era João.
Este veio como testemunha,
para dar testemunho da Luz,

a fim de que todos cressem por meio dele.
Ele não era a Luz,
mas veio para dar testemunho da Luz.
O Verbo era a luz verdadeira
que ilumina todo homem
que vem a este mundo.
Ele estava no mundo
e o mundo foi feito por meio dele,
mas o mundo não o reconheceu.
Veio para o que era seu
e os seus não o receberam.
Mas a todos que o receberam
deu o poder de se tornarem filhos de Deus:
aos que creem em seu nome,
ele, que não foi gerado nem do sangue,
nem de uma vontade da carne,
nem de uma vontade do homem,
mas da vontade de Deus.
E o Verbo se fez carne,
e habitou entre nós;
e nós vimos a sua glória,
glória que ele tem junto ao Pai como Filho único,
cheio de graça e de verdade.
Resp. — Demos graças a Deus.

LADAINHA DE SANTO EXPEDITO PARA NEGÓCIOS URGENTES

Para se conseguir a realização de coisas urgentes, deve-se fazer uma novena a Santo Expedito, isto é, recitar sua ladainha durante nove dias.

Senhor, tende piedade de mim.
Jesus Cristo, tende piedade de mim.
Senhor, tende piedade de mim.
Jesus Cristo, ouvi-me.
Jesus Cristo, atendei-me.
Pai Celeste, que sois Deus, tende piedade de mim.
Deus Espírito Santo, tende piedade de mim.
Santa Maria, rainha dos Mártires, rogai por mim.
Santo Expedito, invencível atleta da fé, rogai por mim.
Santo Expedito, fiel até a morte, rogai por mim.
Santo Expedito, que tudo perdestes para ganhar a Jesus, rogai por mim.
Santo Expedito, que fostes vergastado, rogai por mim.
Santo Expedito, que perecestes gloriosamente pela espada, rogai por mim.

Santo Expedito, que recebestes do Senhor a coroa de justiça que Ele prometeu aos que o amam, rogai por mim.

Santo Expedito, patrono da juventude, rogai por mim.

Santo Expedito, socorro dos estudantes, rogai por mim.

Santo Expedito, modelo dos soldados, rogai por mim.

Santo Expedito, patrono dos viajantes, rogai por mim.

Santo Expedito, salvação dos doentes, rogai por mim.

Santo Expedito, consolador dos aflitos, rogai por mim.

Santo Expedito, apoio fidelíssimo dos que esperam em vós, rogai por mim.

Santo Expedito, eu vo-lo suplico, não deixeis para amanhã o que podeis fazer hoje; vinde em meu auxílio.

Cordeiro de Deus, que tirais os pecados do mundo, perdoai-me, Senhor.

Cordeiro de Deus, que tirais os pecados do mundo, ouvi-me, Senhor.

Cordeiro de Deus, que tirais os pecados do mundo, tende piedade de mim, Senhor.

Jesus, ouvi-me.

Jesus, atendei a minha oração.

Que a minha voz suba para vós.

ORAÇÃO PARA INSPIRAR NOSSAS AÇÕES

Nós vos suplicamos, Senhor, que por vossa graça inspireis todos os nossos pensamentos e nossas ações, a fim de que encontrem em Vós seu princípio e, por intercessão de Santo Expedito, com coragem, fidelidade, prontidão e em tempo próprio e favorável, sejam levados a bom termo. Por Nosso Senhor Jesus Cristo. Assim seja.

CONJURAÇÃO CONTRA TODA ESPÉCIE DE MALES FÍSICOS

† Mal, quem quer que sejas, de onde quer que venhas, seja qual for tua natureza, seja qual for teu princípio, eu te ordeno em nome de Jesus, a quem tudo obedece no céu, na terra e nos infernos, deixar (*Fulano...*), esta criatura de Deus aqui presente.

Eu te ordeno em nome † do Pai † do Filho e † do Espírito Santo. Assim seja.

Recitar cinco "Pai-Nossos", cinco "Ave-Marias" e cinco "Glórias-ao-Pai" em honra das cinco chagas de Nosso Senhor Jesus Cristo.

ORAÇÃO A NOSSA SENHORA DO BOM PARTO

Toda mulher que trouxer esta oração presa ao pescoço, rezando, todos os dias, sete Ave-Marias e uma Salve-Rainha, sete dias antes de dar à luz, terá junto a seu leito a Virgem Santíssima do Bom Parto.

Virgem Santíssima — Virgem antes do parto, Virgem no parto, Virgem depois do parto — tal foi a obra do Espírito Santo, que gerou em vosso ventre imaculado o esplendor do mundo, vosso adorado e precioso Filho Jesus Cristo.

Infinita foi a vossa alegria em trazer em vossos braços esse penhor de eterna duração, essa fonte de riqueza que vos fez subir ainda mais a esse trono, que tanto vos glorificou como rainha dos anjos e por quem padecestes as mais tristes e incomparáveis mágoas, sobretudo quando vistes crucificado o vosso adorado Filho, nessa hora em que tudo para vós era aflição e dor, e não achastes quem vos consolasse, senão a vossa ternura de mãe santíssima.

A todo momento precisam os pecadores do vosso amor e da vossa bondade, mas nunca como nesta hora.

Fazei com que eu seja bem-sucedida no momento de dar à luz e abençoai a todos os que imploram o vosso nome. Amém.

ESOTERISMO DO PAI-NOSSO

Por PAPUS

O "Pai-Nosso" sempre foi considerado como uma das mais esotéricas das orações cristãs.

Conforme a tradição, no momento do seu sacrifício, Cristo teria dirigido esta maravilhosa invocação a seu Pai Celestial, e todos os ocultistas têm presente em seu espírito o trabalho de Éliphas Lévi sobre o sentido oculto do "Pai-Nosso".

Seja qual for a origem real desta prece, é fácil determinar sua essência altamente iniciática através de uma análise, mesmo que sumária.

Nas páginas que seguem, tentaremos apresentar ao leitor um primeiro resumo das nossas investigações, para que espíritos mais preparados do que o nosso neste assunto possam aprofundar um estudo que iniciamos apenas como esboço.

Deve-se considerar no "Pai-Nosso":

A oração em si mesma, suas razões de ser;

As divisões que apresenta, e

As adaptações desta oração, conforme os princípios da analogia.

A ORAÇÃO

O "Pai-Nosso" contém duas partes:

1ª *Uma parte exotérica,* a única conhecida pela maioria dos católicos do Ocidente.

2ª *Uma parte esotérica,* conhecida pelas Igrejas do Oriente, sendo sua enunciação reservada aos padres.

A parte exotérica compreende a revelação das forças que agem nos três mundos e a análise de seus meios de ação.

A parte esotérica prende essas forças ao seu princípio pela revelação dos mistérios do Grande Arcano. É a síntese dos ensinamentos, cuja análise consta da primeira parte.

Para lembrar, apresentamos o texto destas duas partes:

PARTE EXOTÉRICA

Pai nosso que estás nos céus, santificado seja O TEU NOME, venha a nós O TEU REINO, seja feita a TUA VONTADE — *Assim na Terra como no Céu.*

O Pão nosso de cada dia dá-nos hoje.

Perdoa-nos as nossas ofensas.

*Assim como nós perdoamos aos que nos ofenderam.**

* Lembremos o texto latino deste versículo: — *Dimitte nobis debita nostra, sicut et nos dimittimus debitoribus nostris.* (Tradução literal:

Preserva-nos da Tentação.
E livra-nos do Mal.

PARTE ESOTÉRICA

Porque és.

A REALEZA, a REGRA e a FORÇA em ação nos Éons (ciclos geradores).

Esse é o texto da Oração cujas divisões já indicamos e sobre as quais voltaremos a falar logo adiante.

Por ora basta-nos constatar que as palavras empregadas são muito gerais.

Pai, Nome, Reino, Vontade, Terra, Céu.

Pão, Perdão, Dívida (ou Ofensa), *Tentação, Pecado.*

Isto nos indica, desde já, que é de *Leis* que temos de tratar, isto é, conforme o método predileto dos antigos, cada uma dessas palavras é uma "chave analógica" que permite adaptar a lei enunciada a uma série de realidades. É a um ensaio de algumas dessas adaptações que consagraremos o próximo estudo.

DIVISÃO DOS VERSÍCULOS

Voltemos às principais divisões que se faz necessário estabelecer entre os versículos.

— Perdoa-nos as nossas dívidas, assim como nós perdoamos aos nossos devedores.)

Sabemos que o ocultismo, sem distinção de datas ou de escolas, ensina a existência de três mundos:

1º — O Mundo Divino
2º — O Mundo Moral ou Astral
3º — O Mundo Físico

O sr. Amelineau, em seu sábio trabalho sobre a Gnose Egípcia, insiste no fato de que *todas as escolas gnósticas* estão de acordo sobre a existência dos três mundos.

O mesmo se dá com todas as escolas cabalísticas, alquímicas ou teúrgicas.

Ora, os três primeiros versículos correspondem ao Mundo Divino, caracterizado por três termos:

Pai, Nome, Reino, e sintetizado pelo termo Vontade.

Terra, Céu servem de elo entre os dois Mundos.

Pão, Perdão, Ofensa correspondem ao Mundo da vontade humana.

Por fim, *Tentação e Pecado* se referem à carne e ao Mundo Físico.

MUNDO DIVINO

Deus é analisado sob sua tríplice manifestação:

O Pai (*Pai Nosso*) é considerado como existindo em *todos os Céus,* isto é, em todos os planos em que o nosso

Ideal pode se revelar, seja no plano físico, no astral ou no divino.

Esse Pai se manifesta por dois outros aspectos: o Verbo (*Teu Nome*), cujo verdadeiro conhecimento deve ser reservado aos iniciados para não ser profanado (*Seja santificado*); o Espírito Santo (*teu Reino*), realização viva da Divindade em todas as suas encarnações e cuja vinda total o iniciado chama em toda parte (*Venha a nós*).

Por fim, a Unidade Divina aparece nessa misteriosa involução da Vontade (*Tua Vontade*), cuja corrente de amor percorre toda a Criação, desde a Matéria (*terra*), em todos os seus planos, até o Espírito Ideal (*Céu*), em todas as suas hierarquizações.

É essa misteriosa corrente (evocada por Hermes no início de sua Tábua de Esmeralda) que liga o Mundo Divino ao Mundo Humano, que abordaremos agora.

MUNDO HUMANO

Em todos os momentos da nossa vida, a corrente de Amor Divino penetra em nós e nos traz o *Pão Espiritual* cujas influências salutares devemos assimilar cotidianamente. Mas geralmente fechamos nossa alma a esse influxo divino que, semelhante ao Sol iluminando a Terra, não consegue penetrar no fundo da caverna que cavamos, e assim nos afundamos na matéria em vez de evoluir para o Espírito.

Qual é, então, o meio de abrir nosso ser ao Pão cotidiano da espiritualidade? O versículo seguinte nos ensina.

Cada ofensa feita à nossa Imortalidade divina é uma *dívida* que contraímos livremente conosco mesmos e que devemos pagar com sofrimentos na próxima encarnação.

Conforme ensinava Pitágoras, criamos incessantemente o nosso futuro com as escolhas feitas por nossa vontade no presente.

Ora, existe um meio de abrir rapidamente a porta do nosso céu interior: é sacrificar um pouco da nossa ambição em favor de um pouco de nossa *universalidade.*

A nossa vida *egoísta* está em nós, mas a nossa vida moral está nos outros. Agindo em proveito dos *outros,* agimos no sentido da evolução, ao passo que agindo em nosso proveito, agimos no sentido da involução e do obscurecimento.

Se alguém me ofende, contrai comigo uma dívida moral cujo ajuste de contas tenho liberdade de atrasar à minha vontade. Por sua ação, ele se torna meu escravo. Se eu considerar o ódio de sua ação e pensar na vingança, torno-me *egoísta,* crio involuntariamente o mal que me mata espiritualmente.

Mas se eu *perdoar,* universalizo-me, ajo de modo divino e destruo não somente o mal que eu faria a mim mesmo, mas também o mal que meu inimigo fez a si próprio. Na medida de meus recursos, adianto a evolução da humanidade inteira, tornando *atrativas* duas almas que talvez ficariam *repulsivas* uma à outra durante séculos e que atrasariam a reintegração final.

O Perdão voluntário é, pois, o mais maravilhoso método de apelo à Providência que nos foi revelado.

Daí a importância capital desta palavra do ponto de vista da criação consciente, pelo homem, da sua Imortalidade.

MUNDO FÍSICO

Esta criação do Pecado, isto é, do mal por nós mesmos, é de fato a chave da nossa encarnação no mundo da Carne, neste mundo da tentação, *tentação física*. É o Adão espiritual que, pelo seu desejo de unir-se à Matéria, na esperança de ser mais *forte* do que Deus, criou em suas moléculas, isto é, em nós, a Tentação para o Mundo de baixo. Nossa época está gravemente doente de um erro saído da mesma fonte.

Entre duas potências, *a Ideia* nua com suas forças aparentes, e o *dinheiro,* aparentemente tão poderoso como alavanca universal, o profano corre ao dinheiro e não tarda a ver que essa potência é ilusória e que a montanha de ouro diminui à medida que se quer espalhar sua influência entre um grande número de seres.

A ideia, pelo contrário, que se multiplica pelo número de seres que a encarnam, cresce com o Tempo.

Entre o Espírito, ideal sutil, e a Matéria, manifestação imediata, Adão escolheu a segunda. Daí o Mal, o Pecado, a Encarnação que cada uma das moléculas adâmicas, isto é, cada ente humano, deve matar, fazendo apelo à União com a Ideia-Providência pelo Sacrifício progressivo da Matéria-Destino.

A chave de toda essa evolução, dessa união possível de Deus e do Homem, está contida num só princípio: *o perdão.*

Pode-se terminar aqui o "Pai-Nosso" se a pessoa possui apenas os dois primeiros graus da iniciação. Mas os "pneumáticos" vão mais longe e evocam o grande mistério da constituição divina. Levantaremos o véu tanto quanto for possível, sem perigo, com o seguinte paralelo:

Por que És

A REALEZA	*Princípio do Pai.*
A REGRA	*Princípio do Filho.*
A FORÇA	*Princípio do Espírito Santo.*

Em ação nos

ÉONS	Os princípios criadores do Céu, do Homem e da Terra, isto é, dos Três Mundos. Manifestações da Vontade Divina (os Éons correspondendo aos Elohim de Moisés).

Resumamos tudo o que determinamos até agora num quadro final. No artigo seguinte, apresentaremos o interessante estudo das *Adaptações* do Pai-Nosso.

MUNDO DIVINO	Pai-Nosso que estás no céu, Santificado seja teu nome, Venha a nós o teu reino	PAI VERBO ESPÍRITO
INVOLUÇÃO (Elo)	Seja feita a tua vontade Assim na terra como no céu.	Passagem do Divino ao Moral.
MUNDO MORAL (Homem)	O pão nosso de cada dia dá-nos hoje.	Influência constante da Providência sobre nós.
	Perdoa-nos as nossas dívidas, assim como perdoamos aos nossos devedores.	Autocriação do nosso futuro pelo nosso presente.
MUNDO FÍSICO	Preserva-nos da tentação e livra-nos do pecado.	Destruição do Mal pela nossa aliança com Deus.
SÍNTESE	Porque és a Realeza e a Regra e a Força em ação nos ÉONS. Amém. (os ciclos geradores)	*Parte Esotérica* Chave da Revelação. *O Grande Arcano*

Num estudo publicado em *Iniciação*, de agosto de 1894, tratamos da análise da Oração do Cristo sob dois aspectos:

1º — A constituição desta prece em si mesma.
2º — As divisões secretas e sua razão de ser.

Reservamos o estudo das *adaptações do Pai-Nosso*.

Com efeito, hesitamos durante muito tempo antes de publicar os resultados das nossas investigações a este respeito, pois o trabalho nunca nos parecia bastante desenvolvido, dada a grandeza do modelo tomado como ponto de partida. Mas uma consideração importante nos permitiu publicar hoje os nossos ensaios: a certeza de que, se estes ensaios são imperfeitos, ao menos indicarão o caminho aos que, depois, quiserem prosseguir numa adaptação tão curiosa como interessante.

Lembraremos, pois, que tínhamos determinado que os termos do *Pai-Nosso* constituíam uma série de *leis suscetíveis* de aplicações variadas nos três mundos.

Além disso, indicamos que esta admirável oração dava a chave da ação divina em si no mundo moral e no mundo material, e a reação do *Perdão*, com todas as suas consequências ocultas.

Hoje, deixamos de lado todas as considerações teóricas para dar simplesmente o resultado de algumas adaptações dos termos *Pai, Nome, Reino, Vontade, Terra, Céu* etc., que formam as leis gerais nas quais estão estabelecidas essas adaptações.

1 — ADAPTAÇÃO AO IDEAL

(*Imagem do Pai no Mundo Moral*)

IDEAL REALIZADOR
QUE ESTÁS
EM MEU CÉU INTERIOR,
QUE O TEU NOME ME SEJA MANIFESTADO
PELO DEVOTAMENTO,
QUE TUA INFLUÊNCIA EVOLUTIVA
SEJA REALIZADA,
QUE TEU DOMÍNIO SE ESTENDA EM MEU CORPO
COMO ESTÁ ESTENDIDO EM MEU CORAÇÃO.
MANIFESTA-ME CADA DIA
TUA PRESENÇA CERTA.
PERDOA MEUS DESFALECIMENTOS,
COMO PERDOO
OS DOS FRACOS MORTAIS, MEUS IRMÃOS.
PRESERVA-ME DOS REFLEXOS DA MATÉRIA
PERVERSA,
MAS LIVRA-ME DO DESESPERO,
PORQUE ÉS A REALEZA,
O EQUILÍBRIO
E A FORÇA
NA ETERNIDADE
DA MINHA INTUIÇÃO.

2 — ADAPTAÇÃO À VERDADE

(*Imagem do Pai no Mundo Intelectual*)

VERDADE VIVA
QUE ESTÁS
NO MEU ESPÍRITO IMORTAL,
QUE TEU NOME SEJA AFIRMADO
PELO TRABALHO,
QUE TUA MANIFESTAÇÃO
SEJA REVELADA,
QUE TUA LEI CHEGUE À MATÉRIA
COMO CHEGOU AO ESPÍRITO.
DÁ-NOS CADA DIA
A IDEIA CRIADORA,
PERDOA A MINHA IGNORÂNCIA
COMO PERDOO
A DOS IGNORANTES, MEUS IRMÃOS.
PRESERVA-ME DA NEGAÇÃO ESTÉRIL,
MAS LIVRA-ME DA DÚVIDA MORTAL,
PORQUE ÉS O PRINCÍPIO
E A REGRA
NA UNIDADE
DA MINHA
RAZÃO.

3 — ADAPTAÇÃO AO SOFRIMENTO

(*Princípio paternal da redenção no Mundo Material*)*

SOFRIMENTO BENFEITOR
QUE ESTÁS
NA RAIZ DA MINHA ENCARNAÇÃO.
QUE TEU NOME SEJA SANTIFICADO
PELA CORAGEM NA PROVA,
QUE TUA INFLUÊNCIA
SEJA COMPREENDIDA,
QUE TEU FOGO PURIFICADOR QUEIME
MEU CORPO
COMO QUEIMOU MINHA ALMA.
VEM CADA DIA EVOLUIR
MINHA NATUREZA INDOLENTE,
VEM DESTRUIR MINHA PREGUIÇA E O ORGULHO
COMO DESTRÓIS A PREGUIÇA E O ORGULHO
DOS PECADORES, MEUS IRMÃOS.
PRESERVA-ME DAS FRAQUEZAS QUE PODERIAM
AFASTAR-TE DE MIM, PORQUE SÓ TU

---

* Os versículos positivos se tornam negativos no mundo material e inversamente.

PODES LIBERTAR-ME DO MAL QUE CRIEI,
PORQUE ÉS
O PURIFICADOR
E O REDENTOR
NO CICLO
DAS MINHAS
EXISTÊNCIAS.

4 — ADAPTAÇÃO CABALÍSTICA

YOD CRIADOR
QUE ESTÁS
EM *AIN SOPH!*
QUE *KETHER,* TEU VERBO,
SEJA SANTIFICADO,
QUE *TIPHERETH,* ESPLENDOR DO TEU REINO,
EMITA SEUS RAIOS,
QUE *IEVE,* TUA LEI CÍCLICA,
REINE EM *MALKUTH*
COMO REINA EM *KETHER.*
DÁ CADA DIA *A NESCHAMAH*
A ILUMINAÇÃO DE UMA DAS 50 PORTAS
DE *BINAH,*
OPÕE A MISERICÓRDIA DE *CHESED*
ÀS "CASCAS" QUE CRIO EM MINHA "IMAGO"
QUANDO, DESPREZANDO UM DOS 32 CAMINHOS
DE *CHOCKMAH,* EMITO O RIGOR DE *RUACH*
CONTRA MEUS IRMÃOS.
PRESERVA *NESCHAMAH* DAS ATRAÇÕES
DE *NEPHESCH* E LIVRA-NOS
DE *NAHASCH,*
PORQUE ÉS

RESH OU *EL, O PRINCÍPIO,*
TIPHERETH OU *YOD,* O ESPLENDOR CRIADOR,
IESOD OU MEM, A MATRIZ
NOS *ELOHIM*.

SEMANA MÁGICA

É somente com perseverança, calma e fé que chegamos à comunicação com o plano invisível e a intuição do astral.

A imantação das forças psíquicas deve ser feita em silêncio, por meio da meditação e da prece.

A prece é uma cerimônia mágica de primeira ordem cuja finalidade é a fusão momentânea do *eu* com o inconsciente superior.

Segundo a tradição, Pitágoras exigia de seus discípulos longos anos de silêncio. O silêncio é um meio prático e simples de desenvolver a meditação e a concentração mental.

Antes de começar sua prece, o praticante deve fazer uma meditação de cinco minutos; em seguida, inicia sua oração, voltado para o Oriente.

O devoto que quiser entregar-se à prática da semana mágica, deve antes de tudo guardar toda discrição possível e disfarçar suas ocupações, sem esquecer que a mais importante das regras a observar para ser bem-sucedido é o quarto ensinamento da esfinge: *calar.*

É pela prece fervorosa que conseguimos condensar as forças psíquicas, por isso não insistiremos mais sobre este ponto e passamos a indicar como se deve realizar esta prática.

O que expomos é a linha aproximada de conduta que o ocultista deve seguir durante os trabalhos da semana mágica.

O DIA

O dia se divide em quatro partes, correspondentes às quatro estações do ano e às quatro semanas do mês lunar: a manhã, ou primavera do dia, período de expansão intelectual; o meio-dia, ou verão, período de florescimento; a tarde, ou outono, período de frutificação e realização; por último, o anoitecer, ou inverno, período de descanso e meditação.

O dia deve ser consagrado à prece sob suas três formas: a palavra, o trabalho e a meditação.

Pela manhã, depois de purificar-se fisicamente com água, o praticante diz a oração do dia. Em seguida, entrega-se às ocupações e ao trabalho, que constituem a mais útil e a mais eficaz das preces. *Reza e trabalha,* recomendava São Bento. Dedicamos a maior parte do dia ao exercício da profissão; depois de cumpridos os deveres profissionais, entregamo-nos à meditação.

À noite, antes de adormecer, é conveniente fazer um *exame de consciência,* a fim de desenvolver as boas qualidades e vencer os defeitos que se apresentam na vida diária.

PARA O DOMINGO

Pai-Nosso que estais no céu, santificado seja o vosso nome, venha a nós o vosso reino etc., mas livrai-nos do mal. Amém.

Livrai-me, Senhor, eu vo-lo peço, a mim que sou vossa criatura (*Dizer seu nome...*), de todos os males passados, presentes e futuros, tanto da alma como do corpo; dai-me, pela vossa bondade, a paz e a saúde, e sede propício, a mim que sou vossa criatura, pela intercessão da bem-aventurada Virgem Maria, dos vossos apóstolos Pedro, Paulo e André e de todos os santos.

Dai-me paz e saúde durante toda a minha vida, a fim de que, sendo assistido pela ajuda da vossa misericórdia, nunca fique escravo do pecado, nem do temor de qualquer perturbação, pelo mesmo Jesus Cristo vosso Filho, Nosso Senhor, que sendo Deus vive e reina na unidade do Espírito Santo por todos os séculos dos séculos. Assim seja. Que a paz do Senhor esteja sempre comigo. Assim seja.

Que esta paz celeste, Senhor, que deixastes aos vossos discípulos, habite sempre entre mim e meus inimigos, tanto visíveis como invisíveis. Assim seja. Que a paz do Senhor, sua face, seu corpo e seu sangue me ajudem, me consolem e me protejam, a mim, que sou vossa criatura (*Dizer seu nome...*), tanto a minha alma como o meu corpo. Assim seja.

Cordeiro de Deus, que vos dignastes nascer da Virgem Maria, que na Cruz lavastes o mundo dos seus pecados, tende piedade da minha alma e do meu corpo.

Cristo, Cordeiro de Deus imolado para a salvação do mundo, tende piedade da minha alma e do meu corpo.

Cordeiro de Deus, pelo qual todos os fiéis são salvos, dai-me a vossa paz, que deve durar sempre, tanto nesta como na outra vida. Assim seja.

PARA A SEGUNDA-FEIRA

Ó Grande Deus, que libertastes todas as coisas, livrai-me de todo o mal. Ó Grande Deus, que destes a vossa consolação a todos os seres, consolai também a mim. Ó Grande Deus, que socorrestes e assististes a todas as coisas, ajudai-me e socorrei-me em todas as minhas necessidades, minhas misérias, minhas empresas, meus perigos. Livrai-me de todas as oposições e laços dos meus inimigos, tanto visíveis como invisíveis, em nome do Pai que criou o mundo inteiro †, em nome do Filho que o resgatou †, em nome do Espírito Santo † que realizou a lei em toda a sua perfeição.

Lanço-me totalmente nos vossos braços e ponho-me completamente sob a vossa proteção.

Que as bênçãos de Deus Pai Onipotente, do Filho e do Espírito Santo, estejam sempre comigo. Assim seja †. Que a bênção de Deus Pai, que só por sua palavra fez todas as coisas, esteja sempre comigo †.

Que a bênção do Nosso Senhor Jesus Cristo, filho do Grande Deus vivo, esteja sempre comigo †. Assim seja.

Que a bênção do Espírito Santo com seus sete dons esteja sempre comigo †. Assim seja.

Que a bênção da Virgem Maria com seu filho esteja sempre comigo †. Assim seja.

PARA A TERÇA-FEIRA

Que a bênção e a consagração do pão e do vinho, que Nosso Senhor Jesus Cristo fez quando os deu aos seus apóstolos, dizendo-lhes: "Tomai e comei, pois isto é o meu corpo; tomai e bebei, pois este é o meu sangue que será derramado por vós e por muitos em remissão dos pecados", esteja sempre comigo †. Que a bênção dos santos, anjos, arcanjos, virtudes, potestades, tronos, dominações, querubins e serafins esteja sempre comigo †. Assim seja.

Que a bênção dos patriarcas e profetas, apóstolos, mártires, confessores, virgens e de todos os santos de Deus esteja sempre comigo †. Assim seja. Que a bênção de todos os céus de Deus esteja sempre comigo †. Assim seja. Que a Majestade de Deus Todo-Poderoso me ampare e me proteja; que a sua bondade eterna me guie; que a sua caridade sem limites me inflame; que a sua divindade suprema me dirija; que o poder do Pai me conserve, que a sabedoria do Filho me vivifique; que a virtude do Espírito Santo esteja sempre entre mim e meus inimigos, tanto visíveis como invisíveis.

Poder do Pai, fortifica-me. Sabedoria do Filho, ilumina-me. Consolação do Espírito Santo, consola-me. O Pai é a Paz. O Filho é a vida. O Espírito Santo é o remédio da consolação e da salvação. Assim seja. Que a Divindade de Deus me abençoe. Assim seja. Que a sua piedade me anime; que seu amor me conserve. Ó Jesus Cristo, Filho do Grande Deus Vivo, tende piedade de mim, pobre pecador.

PARA A QUARTA-FEIRA

Ó Emanuel, defendei-me do inimigo maligno e de todos os meus inimigos visíveis e invisíveis, e livrai-me do mal. Jesus Cristo Rei veio em paz, Deus feito homem que sofreu com paciência por nós.

Que Jesus Cristo, rei clemente, esteja sempre entre mim e meus inimigos para defender-me. Assim seja.

Jesus Cristo reina, Jesus Cristo manda. Que Jesus Cristo me livre continuamente de todo mal. Assim seja. Que Jesus Cristo se digne dar-me a graça de triunfar sobre todos os meus adversários. Assim seja.

Eis a cruz de Nosso Senhor Jesus Cristo. Fugi à sua vista, inimigos meus. O leão da tribo de Judá triunfou. Raça de Davi! Aleluia, aleluia, aleluia.

Salvador do Mundo, salvai-me e socorrei-me. Vós que me resgatastes pela vossa cruz e vosso preciosíssimo sangue, socorrei-me. Conjuro-vos para isso, meu Deus, Agios ó Theós, Agios Ískyros, Agios Athánatos, Eléison Hymas, Deus Santo, Deus forte, Deus misericordioso e imortal, tende piedade de mim, vossa criatura... (*Fulano...*). Sede meu amparo, Senhor! Não me abandoneis nem rejeiteis minhas súplicas, Deus da minha salvação. Sede sempre meu auxílio, Deus da minha salvação.

PARA A QUINTA-FEIRA

Iluminai meus olhos com a verdadeira luz, a fim de que não se fechem com um sono eterno e meu inimigo não diga que eu o transpassei. Enquanto estiverdes comigo, Senhor, não temerei a malícia dos meus inimigos. Ó dulcíssimo Jesus, conservai-me, salvai-me. Que à simples menção do nome de Jesus todo joelho se dobre, tanto celeste como terrestre e infernal, e que toda língua declare que Nosso Senhor Jesus Cristo goza da glória de seu Pai. Assim seja. Sei, sem nunca pôr em dúvida, que se eu apenas invocar o Senhor Jesus, seja qual for o dia ou a hora, serei salvo. Dulcíssimo Senhor Jesus Cristo, Filho do Grande Deus vivo, fizestes grandes milagres unicamente pela força do vosso preciosíssimo nome e enriquecestes abundantemente os indigentes, pois diante dele os demônios fugiam, os cegos viam, os surdos ouviam, os coxos andavam, os mudos falavam, os leprosos eram lavados, os doentes curados e os mortos ressuscitados. À simples pronúncia do dulcíssimo nome de Jesus, o ouvido extasiava-se e a boca enchia-se do que há de mais agradável; os demônios fugiam, os joelhos se dobravam, todas as tentações, até as piores, se dissipavam; todas as enfermidades eram curadas, todas as disputas e combates entre o mundo, a carne e o diabo se dissolviam; e todos ficavam cheios do bem celeste. Quem quer que invocasse ou que invocar este nome de Deus era e será salvo, este santo nome revelado pelo Anjo ainda antes de ser concebido no seio da Virgem Santa.

PARA A SEXTA-FEIRA

Ó doce nome! Nome que fortalece o coração do homem, nome de vida, de salvação, de alegria, nome piedoso, irradiante, glorioso e agradável, nome que robustece o pecador, nome que salva, guia, conserva e governa tudo! Pela força deste mesmo nome, preciosíssimo Jesus, fazei que o demônio se afaste de mim. Iluminai-me, Senhor, pois que sou cego; tirai minha surdez; endireitai-me, pois que sou coxo; dai-me a palavra, pois que sou mudo. Curai minha lepra, dai-me saúde, a mim que sou doente, e ressuscitai-me, a mim que estou morto. Dai-me a vida e rodeai-me em toda parte, tanto por dentro como por fora, a fim de que, estando munido e fortificado como este santo nome, eu viva sempre em vós, louvando-vos e honrando-vos, porque tudo vos é devido, porque sois o mais digno de glória, o Senhor e o Filho Eterno de Deus por quem todas as coisas se alegram e são governadas.

Louvor, honra e glória vos sejam dados para sempre, por todos os séculos dos séculos. Assim seja. Que Jesus sempre esteja no meu coração, nas minhas entranhas. Assim seja. Que nosso Senhor Jesus Cristo esteja sempre dentro de mim, que me cure; que esteja sempre em torno de mim, que me conserve; que esteja adiante de mim, que me guie; que esteja atrás de mim para guardar-me; que esteja acima de mim para abençoar-me; que esteja em mim para vivificar-me; que esteja acima de mim para fortificar-me; que esteja sempre comigo para libertar-me de todas as penas da morte eterna.

Ele que vive e reina por todos os séculos dos séculos! Assim seja.

PARA O SÁBADO

Jesus, filho de Maria, salvação do mundo! Sede favorável, bondoso e propício para comigo; concedei-me um espírito são e voluntário para dar-vos a honra e o respeito que vos são devidos, a vós que sois o libertador do mundo. Ninguém pôde pôr a mão em vós porque a vossa hora ainda não havia chegado. Vós que fostes, que sois e que sempre sereis, sois Deus e homem, começo e fim. Que esta oração que vos faço me garanta eternamente contra os meus inimigos. Assim seja.

Jesus de Nazaré, rei dos judeus, título honroso, Filho da Virgem Maria, tende piedade de mim, pobre pecador, e guiai-me conforme a vossa doçura no caminho da salvação eterna. Assim seja.

"Ora, sabendo Jesus tudo o que lhe aconteceria, adiantou-se e lhes disse: 'A quem procurais?' Responderam: 'A Jesus de Nazaré'. Jesus lhes disse: 'Sou eu'. Judas, que devia entregá-lo, estava também com eles. Quando Jesus lhes disse 'Sou eu', recuaram e caíram por terra. Perguntou-lhes então novamente: 'A quem procurais?' Disseram: 'A Jesus de Nazaré'. Jesus respondeu: 'Eu vos disse que sou eu. Se, então, é a mim que procurais, deixai que estes se retirem' (referindo-se aos discípulos)."

A lança, os cravos, a cruz †, os espinhos, a morte que sofrestes provam que apagastes e expiastes os crimes dos miseráveis. Preservai-me, Senhor Jesus Cristo, de todas as chagas da pobreza e dos laços dos meus inimigos. Que as cinco chagas de Nosso Senhor me sirvam continuamente de remédio.

Jesus é o caminho †. Jesus é a vida †. Jesus é a verdade †. Jesus sofreu †. Jesus foi crucificado †. Jesus, filho de Deus vivo, tende piedade de mim †. "Ora, Jesus passou no meio deles, e ninguém pôs sua mão ímpia sobre Ele, porque sua hora ainda não havia chegado."

O SÉTIMO DIA

Na medida do possível, o dia do sol (domingo) deve ser consagrado quase exclusivamente à leitura, à meditação ou a um trabalho intelectual ou artístico.

Nesse dia, a prece deve ser feita de modo mais completo e solene e a meditação deve ser mais prolongada.

Estando bom o clima, é excelente realizar essas práticas ao ar livre, no campo.

À tarde, termine o praticante o seu dia com uma longa meditação sobre o Amor Divino e as forças celestes.

É pelo exercício progressivo da meditação que pouco a pouco ele desenvolverá suas faculdades psíquicas superiores, de onde provêm as três ordens de fenômenos classificados pelos antigos — o *arrebatamento*, o *êxtase* e o *sonho profético*.

O *arrebatamento* é consequência da meditação sobre as realidades espirituais combinada com um ritmo respiratório especial em que a expiração é progressivamente retardada. Nesse estado, o corpo físico entra em catalepsia e o corpo astral é iluminado por sua elevação súbita ao plano espiritual.

Uma fé intensa e um *desejo* ardente da verdade e da justiça são os móveis do desenvolvimento deste estado psíquico.

O *êxtase* se manifesta exteriormente pelos mesmos fenômenos. Neste estado, porém, há exteriorização do corpo astral e visão a distância.

O *sonho profético* é produzido por uma iluminação súbita da alma pelo plano astral. As impressões que a visão deixa na memória são profundas e vivas e têm um caráter tal que aqueles que as experimentam nunca se enganam sobre o seu valor.

Aquele que quiser provocar sonhos proféticos deve ter seu corpo disposto e não ter o cérebro dominado pelos vapores do álcool nem o espírito sujeito às paixões, e durante esse dia não deve jantar nem beber qualquer coisa que possa embebedar; o seu quarto deve estar bem limpo e arejado.

Tendo invocado a divindade, o praticante deve deitar-se com o pensamento fixo no que deseja saber. Assim terá sonhos verdadeiros e certos. (Agripa).

NOVENA ÀS ESTRELAS

Uma coisa muito útil para as dificuldades da vida é a novena às estrelas.

Ela se baseia na influência dos astros sobre os seres humanos.

Dependendo da influência dos astros que presidiram ao nosso nascimento, somos felizes ou infelizes, sadios ou doentes.

Se você deseja melhorar a sua situação ou realizar alguma coisa que pode dar-lhe felicidade, faça *uma novena* a uma estrela, da seguinte forma:

Comece descobrindo o nome da estrela que você escolheu. Então, durante nove noites consecutivas, à mesma hora, saúde essa estrela e peça-lhe o que você precisa, com uma frase curta, firme, sempre a mesma.

Se alguma nuvem aparecer, impedindo-o de fazer o pedido à hora designada, recomece a novena na noite seguinte.

Quando é grande a probabilidade de um pedido ser atendido, é difícil uma nuvem aparecer e encobrir a estrela. Por outro lado, quando a interposição de nuvens é frequente, quase certamente o seu pedido não se realizará.

CONSAGRAÇÃO DA RESIDÊNCIA

Esta consagração deve ser recitada diariamente por quem deseja obter um desenvolvimento espiritual, mental, moral ou material. Sendo recitada com verdadeira compreensão do seu sentido verdadeiro e com a convicção de que suas palavras exprimem a REALIDADE, ela pode refazer e reparar inteiramente a vida e o destino do recitante. Quem não conhece o verdadeiro sentido íntimo de suas palavras pode aprendê-lo pelo estudo das "Instruções" do Círculo Esotérico da Comunhão do Pensamento.

Sente-se tranquilamente em sua casa e diga estas palavras em voz alta:

Dentro do CÍRCULO infinito da divina presença que me envolve inteiramente, afirmo:

Há uma só presença aqui — a da HARMONIA que faz vibrar de felicidade e alegria todos os corações. Quem quer que aqui entre, sentirá as vibrações da divina HARMONIA.

Há uma só presença aqui — a do AMOR. Deus é AMOR que envolve todos os seres num só sentimento de unidade. Este recinto está cheio da presença do AMOR. No AMOR eu vivo, me movo e existo. Quem quer que aqui entre, sentirá a pura e santa presença do AMOR.

Há uma só presença aqui — a da VERDADE. Tudo o que aqui existe, tudo o que aqui se fala, tudo o que aqui se pensa é expressão da VERDADE. Quem quer que aqui entre, sentirá a presença da VERDADE.

Há uma só presença aqui — a da JUSTIÇA. A JUSTIÇA reina neste recinto. Todos os atos aqui praticados são regidos e inspirados pela JUSTIÇA. Quem quer que aqui entre, sentirá a presença da JUSTIÇA.

Há uma só presença aqui — a presença de DEUS, O BEM. Nenhum mal pode entrar aqui. Não há mal em DEUS. DEUS, O BEM, reside aqui. Quem quer que aqui entre, sentirá a presença divina do BEM.

Há uma só presença aqui — a presença de DEUS, a VIDA. DEUS é a VIDA essencial de todos os seres, é a saúde do corpo e da mente. Quem quer que aqui entre, sentirá a divina presença da VIDA e da SAÚDE.

Há uma só presença aqui — a presença de DEUS, a PROSPERIDADE. DEUS é PROSPERIDADE, pois Ele faz tudo crescer e prosperar. Deus se expressa na Prosperidade de tudo o que aqui é empreendido em seu nome. Quem quer que aqui entre, sentirá a divina presença da PROSPERIDADE e da ABUNDÂNCIA.

Pelo símbolo ESOTÉRICO das Asas Divinas, estou em vibração harmoniosa com as correntes universais da Sabedoria, do Poder e da Alegria. A presença da Sabedoria divina manifesta-se aqui. A presença da Alegria divina é profundamente sentida por todos os que aqui entram.

Na mais perfeita COMUNHÃO entre o meu eu inferior e o meu Eu Superior, que é DEUS EM MIM, consagro este recinto à perfeita expressão de todas as qualidades divinas que há em mim e em todos os seres.

As vibrações do meu PENSAMENTO são forças de DEUS EM MIM que aqui ficam armazenadas e daqui se irradiam para todos os seres, constituindo este lugar um centro de emissão e recepção de tudo quanto é bom, alegre e próspero.

ORAÇÃO

Agradeço-te, ó Deus, porque este recinto está cheio de Tua presença.

Agradeço-te porque vivo e me movo em Ti.

Agradeço-Te porque vivo em Tua vida, verdade, saúde, prosperidade, paz, sabedoria, alegria e amor.

Agradeço-Te porque todos os que entrarem aqui sentirão Tua presença.

Agradeço-Te porque estou em *Harmonia, Amor, Verdade* e *Justiça* com todos os seres.

PAI-NOSSO ESOTÉRICO
INVOCAÇÃO

Em nome da Fonte (*testa*) e do Verbo (*umbigo*) e do *Espírito* (*ombro esquerdo*), (e depois, em silêncio, no *ombro direito*).

Em nome do Pensamento incognoscível, inefável; em nome do Absoluto (*testa*).

Em nome da Palavra emanada, formulada, enunciada, encarnada; em nome do Manifestado (*umbigo*).

Em nome do Sopro que desperta, incita, ilumina, vivifica; em nome do Evocador (*ombro esquerdo*), (e depois, em silêncio, *ombro direito*).

Seja concedido o que me for devido.

Pai-Nosso que estás além e acima do Tempo e do Espaço, do abismo onde vibram o Raio, a Voz e a Força da tormenta, onde geme e blasfema a Vida; do Campo, onde correm o suor, as lágrimas e o sangue! Tenho a convicção e o sentimento de que existes realmente, de que tua Vontade é a perfeição incorruptível, de que, quando secundada, é onipotente a eficácia da tua Providência.

Seja confessado o teu Ser, sejam glorificados e benditos os teus Gestos, abrase-se a noite com o deslumbramento dos teus prodígios, abata-se o silêncio ao trovão das tuas Frases. O teu nome, ilegível para os olhos, impronunciável para os lábios, incruste-se indelével na carne do coração; reconheça-se e se dedique aos objetos das individualizações.

Porque só desse consenso unânime pode resultar a extirpação de toda crueldade.

Expanda-se essa benéfica doçura, instaure-se essa harmonia, que são a tua tirania; governem sós, sob a tua décupla Coroa, as Leis consentidas por todos; seja com equidade remunerado, são e digno, o Labor, e circulem os signos do Pão, nunca retardados em acumulações estéreis para a coletividade; tenham todos direito de Subsistência e dever de Assistência; não mais tenha inveja o humilde, possa o orgulho descer em si mesmo, sem empalidecer; não precisem mais as mães suprimir, ao nascer, o fruto de seu ventre, para salvá-lo da Fome, do Ódio, da Prostituição, do Crime e da Guerra; não precisem mais os mancebos fugir do lar ou mutilar-se para livrar-se da vida militar; esconda-se sob o trigo o gládio das grandes pendências; assalte as florestas insondadas o machado dos rancores legais mais legítimos; carreguem as mulheres os fuzis às costas e os enterrem cantando; amontoem as crianças, nas encruzilhadas, os estandartes e os queimem, dançando alegres em roda da fogueira; alumie o archote das evoluções as núpcias sociais.

Evaporando a iniquidade entre os seus dedos, qual larva um instante objetivada, prosternem-se diante da aurora do teu reinado os negadores do passado e os negadores do futuro, e proclamem os arautos da Eternidade a fundação da Justiça leal, do Amor ilimitado e da Paz inquebrantável. E seja a humanidade o teu Messias entre os seus irmãos das séries infra-humanas — animais, vegetais, minerais — como entre os seus irmãos das séries intra-humanas — elementais, elementares — e os guie no teu caminho, aliviando-lhes, assim, o peso do Destino.

E igualmente nas séries supra-humanas ou pelo menos extraterrestres dos mundos que cintilam no céu das nossas noites e daqueles que palpitam além, ainda e sempre, seja discernida e seguida a tua vontade. Porque a vida está em todas as partes, e de todas as suas modalidades é o homem solidário, e ele tem uma missão a cumprir junto a certas dessas modalidades.

Nem por estes, nem por aqueles, nem por outros, quer venham a ti pelo veículo do inteligível ou pelo sensível, quer te invoquem através da consciência ou através do sol ou através do Inimigo, que te exprimam pelos símbolos dos vermelhos ou pelos dos negros, quer te reverenciem nos tabernáculos do Oriente ou do Ocidente, porque todas as doutrinas estão cheias de ti e todos os ritos culturais e todas as teorias filosóficas, e todas as hipóteses científicas, e todas as éticas individuais e sociais, e todas as estéticas, não são senão manifestações da tua Trindade revelada diversamente, segundo a multiplicidade das Raças, e dos Hábitos, e das Idades — tu não tens nunca, no passado que não começou, interrompido o influxo das tuas premonições, e é de tua essência que não o interromperás nunca no futuro que não terá fim.

Quanto a mim, reconheço que este alimento nunca faltou, e tenho confiança que não faltará em circunstância alguma da época atual; creio que ele não tem cessado no curso das personalidades desde que me exalaste, e tenho a convicção de que não cessará de me ser oferecido no curso das migrações que me resta cumprir antes que me absorvas. E neste instante eu sei que ele está em mim. Eu te conjuro a que me auxilies a perceber a intenção que nele envolves, se disto sou digno, e a perceber, se eu for digno, a intenção relativamente à ocorrência presente.

Se as infrações de que me lembro ter-me tornado culpado para com os teus desejos e as de que me não posso lembrar nesta hora me obscureceram os sentidos interiores a ponto de a decifração das instituições descidas da tua infinidade até a minha finidade e enfermidade me seja apenas possível, sê-me clemente em consideração aos esforços humildes nos resultados adquiridos e junto da enormidade das faltas cometidas, mas apreciáveis em face desta minha enfermidade.

E se, por vezes, julgando a minha paixão, consegui não opor aos golpes dos maus senão o escudo de diamante do perdão e converter o granizo pestífero em chuva de flores perfumosas; se, elevando quem pensava me rebaixar, consegui com isso elevar-me a mim mesmo, sê misericordioso na proporção divina da medida que eu puder ser de homem para homem.

Faze com que eu vá inebriado e possuído da tua imediata e constante presença, de sorte que o sorrir das carnes e o cintilar dos licores e o fumegar das iguarias não me desviem do reto caminho. Não me deixes transviar para ir visitar Hexápolis; não me deixes demorar a inclinar-me nos lagos marginais para colher os frutos pérfidos dos sonhos ilícitos; não me deixes parar adormecido à sombra da mancenilheira. Exaltando-me o teu auxílio, não me intimide o assalto das desesperanças; estimulando-me as tuas exortações, não me embaracem os laços da dúvida; esclarecendo-me os teus conselhos, não me perturbem as aspirações do astral.

Faze com que eu, lembrando-me constantemente das imensas e inumeráveis provas da tua indulgência para comigo, só tenha exortações para com os que pude sobrepujar, e que, representando-me constantemente a minha indignidade, só tenha louvores para os que me sobrepujaram. Faze com que eu, compenetrado da minha fraqueza, em vez de irritar-me com os obstáculos, me admire de os não achar mais numerosos e trabalhosos. Faze com que eu, não me deixando seduzir pelo brilho das riquezas transitórias e sempre iníquas, só ambicione um tesouro: a perfeita identidade com a tua vontade do que em mim há de consciente. Faze com que eu caminhe silencioso, ileso, aspirando não ouvir senão a ti, porque só há um Senhor, e és tu; a não ser conhecido senão por ti, porque só há um juiz, e és tu, a não ser amado senão por ti, porque só há um amigo, e és tu; a não amar senão a ti, porque só tu Existes.

E que as perguntas dos meus companheiros de viagem tenham sempre de mim esta resposta: 'Tal bem se realizou e foi Deus o seu autor'; tal mal foi praticado, e fui eu o culpado'. A tríplice nau do meu ser irá assim saneando-se, pois que o solo nunca se furta aos pés ligeiros; o Mal será, diante de mim, como se não existisse. E, com efeito, o mal só se realizou porque eu o quis. Atraí à minha atmosfera a pestilência das concepções, das palavras e dos gestos maus, e eis que desfaleço; não poderei dispersá-la, porque o seu reflexo vibra indissolúvel no Grande Rio Negro. Mas compensá-la, pouco a pouco, e neutralizá-la com perfumes respectivamente adversos e gradualmente inofensivos — eu o posso e o quero. Acumulei em torno de mim muralhas de imundícies, e elas se vão aproximando — não poderei abatê-las, porque o sangue do Impalpável regou seu cimento; mas exaltar-me até segurar a mão que tu me estendes para me conduzir no ar extenso e bom — eu o posso e quero.

As garras do Destino não me apertam tão terrivelmente senão porque desconheci os votos da tua providência; porém, que eu aprenda e compreenda os que ela forma pelo afrouxamento desta angústia na ocorrência presente; eu terei uma arma.

Possa eu, como é meu dever, usar esta arma segundo os direitos que eu possa ter adquirido e segundo os que possa ter perdido.

Em nome do Incomunicável (*testa*), em nome de sua incorporação (*umbigo*), em nome do seu mediador (*om-*

bro esquerdo) (*depois, em silêncio, no ombro direito*), seja-me concedido o que me for devido.

(Pede-se o que se quer, por exemplo: a reconciliação com um inimigo, a volta ao lar de um ente querido, para libertar-se de algum malefício, para obter a proteção de uma pessoa ou um emprego, para modificar a vida, para conseguir fluidos curadores, para desenvolver a vidência e a audição, para que a vontade seja forte, enfim, para tudo o que se necessita.)

MODO DE RECITAR O PAI-NOSSO ESOTÉRICO

Voz alta, um pouco cantada, num tom só. Em pé, em jejum, de manhã, ao levantar, em plena luz solar ou artificial, com a face voltada para o norte. Deve-se estar em cima de tapete de lã pura, com a cabeça, a nuca, as costas e os lados cobertos com tecido de lã pura e tocando totalmente o tapete; o tapete e o tecido devem ser de cor branca.

Acende-se incenso sobre algum suporte trípode, diante de si.

Durante a oração, o suplicante não tira os olhos do símbolo da †.

Terminada a oração, o suplicante senta-se ao modo chinês ou ajoelha-se e escuta.

A pessoa que orar deve fazê-lo com o maior recolhimento possível, longe de ruídos e barulhos que possam perturbá-lo. Também NÃO *deve ter a menor* DÚVIDA *quanto à eficácia da invocação, pois a dúvida é a causa do insucesso e do fracasso em tudo.*

O ENCANTAMENTO PELOS DEZ NOMES DIVINOS

Escrito em sentido místico e muito elevado, "O Encantamento pelos Dez Nomes Divinos" constitui *por* si mesmo uma peça mágica de alto valor oculto. Foi a oração dos grandes iniciados e é tão poderosa que, proferida com fé, tem a virtude de atrair aquilo que se deseja, desde que se não ultrapasse o termo do honesto e do justo, pois aqui como em outras circunstâncias, deve evitar-se o *choque de retorno* que se dá toda vez que as intenções deixam de ser puras. Para atrair amor, essa oração é mais que ímã.

AIN SOPH! (Ilimitado, Infinito!) Manto de noite que nenhum olho contempla, umbral sombrio em que se despedaçaram Apolônio e Moisés, cansados de aprofundar as 49 portas precedentes.

Um dia, resplendentes de glória, penetraremos teu abismo com a confiança de aportar nas praias da pátria!

Que a vertigem de nos encaminhar para ti pelas vias da pena recreie os nossos membros lassos e feridos!

Essência de todas as coisas que coroas de eternidade as horas e o tempo, de infinito as zonas do espaço e as multiplicidades do número! Qualquer que seja o meu orgulho de haver duvidado do teu mistério, não mais blasfemarei até que venha a projetar meu olhar de homem em teu silêncio. Eu te julgo muito longe de mim, ó modalidade primordial do Ser! A ti, cuja diferenciação, fonte de minha vida e fonte do mal universal, não foi talvez o limite do pavor! — senão um acidente de que não há memória!

Mas, pelos dez feixes de luz que projeta tua sombra central, pelos dez condutores de tuas vibrações, pelos dez delegados de teu Amor, eu evoco as virtudes de tuas principais emanações. Eu quero que cada um dos órgãos do corpo, cujo coração és tu, à minha voz estremeça e responda com efusão de suas energias para o meu seio.

Minha força manda a minha fraqueza dirigir-te súplicas.

I

EHEIE! (Eu Sou O Que Sou!) Olho nenhum jamais viu tua majestade reinar no Empíreo, nem cingir tua fronte a coroa de raios, nem tua boca que ordena os Animais Santos seguirem o vertiginoso curso do primeiro móvel e que proferiu os nomes que significam as coisas.

Eu quero que o Príncipe de sereno semblante ponha ante tua face a teoria dos meus violentos desejos que para ti gravitam, pisando, malditos e flagelados, os nove degraus da escada dos céus.

II

IAH! (= Yod He, Eu Sou!) Minha imaginação de poeta, humanizando a miragem de tua essência e se aninhando no Espaço, entrevê o gesto de tuas mãos em uma noite salpicada de estrelas, além da órbita dos planetas, cujo centro é o nosso sol.

As graças de que procedi acreditaram ver teu reflexo nos olhos serenos de um homem de cabelos ruivos que, nato em um presépio entre o boi e o asno, foi crucificado. Adoravam as mulheres o teu pálido reflexo na fronte sanguinolenta desse jovem.

Teu Seio, ornado de sabedoria, sai da semente de um pai.

Tuas mãos, ocupadas em jogar com as rodas, com as esferas que simbolizam tuas ideias, revestem de luz os meus olhos conturbados. O Espírito humano naufraga facilmente no caos.

Que Raizel, teu gênio confiante, faça ouvir a sua voz no meio da sarça ardente que tinge os meus desejos com o seu reflexo de chama!

III

YODHEVAVHE! (Jeová!) Eu vi do horizonte um raio de sol iluminar com um raio fulvo o ventre branco da pomba, incrustando no céu, pela perpendicularidade de suas asas estendidas, uma aparência crucial.

Assim iluminas com uma vibração de tua inteligência a vida manifestada. De teu seio os Anjos Grandes e Fortes vão investir o velho Saturno no poder de comandar a criação e a destruição das formas.

Em manto negro constelado de grenás, cingida a fronte com um diadema plúmbeo e triste, eis-me queimando a flor sulfúrea para que me leves o espírito, ó fumo azul, até os limites supremos do domínio sidéreo, ao limiar do Empíreo.

Tu me guiarás, ó Zadkiel, às trevas do Mistério onde se engolfa a minha audácia e me aureolarás com a imortalidade, mesmo contra a Vontade sinistra do demônio Zazel, que pretende levar à decrepitude, tanto quanto à podridão definitiva, a minha forma e o meu sangue.

IV

EL! (Altíssimo!) Tenho na direita o cetro dos três ramos e o índex rígido como um *falo juvenil*; és tu que Orfeu distingue sobre o cimo do Olimpo, magnífico e misericordioso, lançando os raios luminosos das Dominações para a esfera de Júpiter.

O fumo do aloés e da noz-moscada, queimados na cassoleta, cobre-me a face brônzea e os meus membros vestidos com o manto azul marchetado de topázio.

Tu me levas o cetro, ó Zadkiel, o bordão do comando.

Indiferente às sugestões de Ismael, eu não o brandirei senão em nome da justiça e da misericórdia adorável.

V

ELOHIM GHEBOR! (Deus das Batalhas!) Pois os deuses, tanto quanto os homens e gênios planetários, têm um corpo feito de bela matéria. Por tua carne corre, maravilhoso, o sangue, ó dispensador de forças! És o Pai dos corações heroicos e osculas suas potências.

Ó Marte! Infiltra em mim as tuas forças para a luta. Teu capacete e cota de armas inflamam cintilantes rubis e as tuas narinas dilatam os vapores do tórax.

Tu, Samael, cujo rosto robusto se entrevê em meio ao brilho das espadas, derrama-me nos rins cingidos de cobre o óleo da força que me dará a energia agressiva e a resistência para o combate perpétuo da vida, para a revolta santa e a justa cólera.

Contra Barzabel, o violento demônio da brutalidade, do ódio e da raiva, eu apresentarei a ponta da espada sagrada.

VI

ELOHA! (Juiz!) Tu meditas o sonho luminoso da beleza. Teus olhares com as asas dos Reis do Esplendor chegam através do braseiro vital do Sol até a fronte do poeta aureolada de louro.

Em meio ao lúcido coro das Apolônidas, ó Beleza, eu nasci para adorar a tua face! Cingida a tríplice tiara de ouro e posta a capa recamada de carbúnculo, derramo sobre carvões ardentes as lágrimas do mástique e das flores do louro.

Ó Rafael, ó Foibos! Príncipe glorioso, que enche meu peito de alegrias por estar no mundo, e para que eu, no frêmito sensual que proporcionam as graças da forma e as seduções das cores e em êxtase para inatingíveis perfeições, ascenda até o cimo onde resplandece a beleza absoluta.

Ó Beleza, qual foi o ignorante que te chamou perecível? Tua essência imarcescível, assim como a tua aparência mortal e a Luz que as procriou, irradiem seus reflexos nas esferas da eternidade. Para os olhos do vidente, seu esplendor não se apaga. Conjuro-te, ó Sorath!

VII

YODHEVAVHE SABAOTH! (Senhor dos Exércitos!) É pela vitória que tu te manifestas, pela vitória da vida sobre a morte. Tua semente suscita os Elohim para a espera risonha de Vênus, mãe do amor. De Samarra, salpicada de esmeraldas, eu, coroado de rosas e verbenas e inebriado de almíscar e açafrão, te invoco, ó Anael, à hora em que teu corpo planetário vem enlear com a sua beleza o Touro do Zodíaco.

O violento êxtase do amor transporta a alma e a vida para a morte. Possuir um ideal é modificar a forma de sua vida profundamente, como pela morte. O êxtase do amor tu o podes verter do corpo que tens nas mãos.

A amante que me foi destinada antes de vir à terra, a metade perdida do andrógino que fui, tu ma enviarás para os meus beijos.

Impede, peço-te, que as sibilas Lilith e Nahemah a retenham prisioneira na noite ignota. Põe na matriz da mulher amada a vibração do amor que se vai perpetuando através dos Elohim até o coração do próprio Deus! E neutraliza, com teu hálito balsâmico, os malefícios do demônio Anteros ou Kermel, que se inflama de ciúmes ao ver os pares felizes!

VIII

ELOHIM SABAOTH! (Deus dos Exércitos!) Sobre a coluna esquerda tu te eriges em um ninho de glória e daqui teus servidores, os filhos dos deuses, saem para o ágil planeta Mercúrio.

Cinge-me a fronte uma coroa de hidrargírio; e uma túnica vesti, malhada de cristal, de onde emergem nus os meus braços de operador. Em meio ao fumo do zimbro e da canela, estás tu, Miguel, a aconselhar Salomão, rei do Mistério! Por ti eu quero a penetração dos segredos, quero fabricar a chave que força os serviços do Oculto.

Tu não perturbarás, Taphthartharat, o bom trabalhador entregue à sua obra.

IX

SHADDAI! (Deus Todo-Poderoso!) Teus pés se apoiam sobre o Fundamento, e teus dedos fazem sinais aos ministros do Fogo que seguem o curso da luta em torno do crescente de prata fina, vestido da branca dalmática, ornada de estrelas, de argolinhas e safiras.

Eu queimo a mirra, proferindo palavras que forçam as vontades. Tu te inclinas para mim, ó Gabriel, como Artemisa triforme ao apelo de Endímião. Alma da lua, teu olhar protege as crianças e derrama-lhes no peito predestinado o fogo sagrado do gênio. A tua expiração nos dá crescimento; tua aspiração, perecimento; o odor do teu hálito, através das correntes áuricas, atrai o espírito dos mortos que amamos, a imaginação dos poetas e das mulheres.

Espelho que reflete sobre nossas frontes os raios vindos de todos os planos do abismo, escolhe com amor aqueles que hás de projetar sobre meus flancos. Ante o encantamento prolongado nas ondas espirituais, depõe, eu te ordeno, a tua indiferença da frequente neutralidade, a fim de que eu possa lançar o olhar além dos teus domínios.

E quando eu receber o beijo da morte, não rolarei para os tormentos astrais, presa das infernais servas de Hasmodat, as Lemúrias e as Larvas.

X

ADONAI MELECH! (Senhor e Rei!) Tu realizaste o sonho insondável da imensa face que o olho não viu! Coroado o longo Macroprósopo, tu o puseste no Reino das formas que empunha o azorrague do Futuro perpétuo. Grande Arquiteto, venerado dos Maçons, tu construíste o teu Templo. Feita a sua obra, o Ser pode mirar-se no símbolo que manifesta suas virtualidades.

A sombra tem um corpo. O Grande Pã está vivo. Ao seu mando, as Inteligências de glórias oferecem aos homens o vinho do Conhecimento da Gnose integral de que só podem beber os fortes e audaciosos.

Eu sei que o sabor dele é amargo e mortal! Mas posso chegar o copo aos meus lábios, porque no subterrâneo de Elêusis eu comi o tambor e bebi o címbalo.